全国公共图书馆事业发展战略研究丛书

中部地区基层公共图书馆发展策略研究报告

武汉图书馆 中山大学国家文化遗产与文化发展研究院 编著

国家图书馆出版社

图书在版编目（CIP）数据

中部地区基层公共图书馆发展策略研究报告 / 武汉
图书馆，中山大学国家文化遗产与文化发展研究院编著. —
北京：国家图书馆出版社，2023.4
（全国公共图书馆事业发展战略研究丛书）
ISBN 978-7-5013-7436-6

Ⅰ.①中… Ⅱ.①武… ②中… Ⅲ.①公共图书馆—
基层图书馆—图书馆发展—研究报告—中国 Ⅳ.① G259.252

中国版本图书馆 CIP 数据核字（2022）第 005027 号

书　　名　**中部地区基层公共图书馆发展策略研究报告**
　　　　　ZHONGBU DIQU JICENG GONGGONG TUSHUGUAN FAZHAN
　　　　　CELÜE YANJIU BAOGAO
著　　者　武汉图书馆　中山大学国家文化遗产与文化发展
　　　　　研究院　编著
责任编辑　刘健煊
封面设计　耕者设计工作室

出版发行　国家图书馆出版社（北京市西城区文津街 7 号　100034）
　　　　　（原书目文献出版社　北京图书馆出版社）
　　　　　010-66114536　63802249　nlcpress@nlc.cn（邮购）
网　　址　http://www.nlcpress.com
排　　版　北京旅教文化传播有限公司
印　　装　河北鲁汇荣彩印刷有限公司
版次印次　2023 年 4 月第 1 版　2023 年 4 月第 1 次印刷

开　　本　710mm×1000mm　1/16
印　　张　12
字　　数　165 千字
书　　号　ISBN 978-7-5013-7436-6
定　　价　78.00 元

丛书编委会

主　　编：饶　权

编　　委：申晓娟　褚树青　郑智明　张　岩

　　　　　李静霞　周云岳　韩显红　陈　坚

　　　　　方家忠　刘伟成　宋　卫　陈　超

　　　　　李　培　任　竞　刘　冬　王惠君

基层公共图书馆发展策略研究（中部）项目课题组

课题负责人：李静霞（武汉图书馆馆长）
联合负责人：肖 鹏（中山大学副教授）

武汉图书馆团队成员：

鄢静慧 张 熙 刘征霞 蔡卫萍 杨雅勤 夏雪萍

中山大学团队成员：

丁亚茹 陈心雨 郑焰丹 赵佳贤 朱含雨 邝静雯
阿衣努拉·阿曼吐尔 莫纯扬 王 影 陈 苗 邓默言

总　序

　　凡事预则立，不预则废。长期以来，面向未来开展战略研究、科学编制中长期发展规划是指导我国经济社会快速稳定发展的宝贵经验。从 1953 年开始制定实施五年规划，我国目前已编制了十四个五年规划。这些五年规划不仅有利于保持国家战略连续性、稳定性，将战略思路落到实处，而且有利于明确未来一段时期内的发展目标和重点任务，集中力量办大事。公共图书馆历来也十分重视编制中长期发展规划，早在 1956 年国家图书馆就制定了第一个中长期发展规划——《北京图书馆十二年（1956—1968）工作规划纲要》，特别是"十二五"以来，《全国公共图书馆事业发展"十二五"规划》《"十三五"时期全国公共图书馆事业发展规划》发布后，很多图书馆也都开始围绕图书馆事业发展的重难点开展研究，编制五年发展规划，指导事业未来五年的发展方向。

　　"十四五"时期是我国在全面建成小康社会、实现第一个百年奋斗目标之后，乘势而上开启全面建设社会主义现代化国家新征程、向第二个百年奋斗目标进军的第一个五年。当前，世界多极化、经济全球化、社会信息化、文化多样化深入发展，公共图书馆事业正在经历传统媒体和新媒体融合发展带来的海量异构资源的巨大考验，经历数字网络环境下多元信息服务平台的强势竞争，经历在线学习、开放科研、协同创新等信息与文化交流传播新形态的猛烈冲击，经历新冠肺炎疫情导致疫情防控、经费缩减和服务需求变化的严峻考验，面向"智慧社会"的公共图书馆事业转型创新迫在眉睫。同时，

"文化强国"建设被提到突出重要位置，公共图书馆在国家经济社会发展中的地位、作用空前提高。2019 年 9 月，在国家图书馆建馆 110 周年前夕，中共中央总书记、国家主席、中央军委主席习近平同志给国家图书馆八位老专家回信，指出图书馆事业在国家发展特别是在文化发展中的突出重要作用和重要地位，明确强调"图书馆是国家文化发展水平的重要标志，是培育文化自信、滋养民族心灵的重要场所"，对图书馆事业提出"坚持正确政治方向，弘扬优秀传统文化，创新服务方式，推动全民阅读，更好满足人民精神文化需求，为建设社会主义文化强国再立新功"的殷切期望，为公共图书馆在新时代继续推进图书馆事业，服务国家发展大局，服务公众终身学习指明了前进方向，提供了根本遵循。2021 年 3 月，《中华人民共和国国民经济和社会发展第十四个五年规划和 2035 年远景目标纲要》明确提出，要推进公共图书馆等公共文化场馆免费开放和数字化发展；深入推进全民阅读，建设"书香中国"；加强古籍保护研究利用；积极发展智慧图书馆等。而后陆续发布的《"十四五"文化和旅游发展规划》《"十四五"公共文化服务体系建设规划》也都进一步明确了公共图书馆事业未来的发展重点。

为了应对当前经济社会改革发展和文化空前繁荣给公共图书馆事业带来的机遇和挑战，深入学习贯彻习近平总书记给国家图书馆八位老专家的回信精神，贯彻落实国家以及文化和旅游部系列"十四五"规划，近两年，图书馆行业围绕"十四五"时期事业发展，通过召开专题研讨会、实地调研、发表专栏文章、公开征求意见等方式，开展了大量调查研究及实践活动，国家图书馆和各级公共图书馆陆续编制了本馆的"十四五"发展规划，中国图书馆学会、全国图书馆标准化技术委员会等图书馆行业组织也陆续编制了"十四五"规划，为推动全国公共图书馆事业在新时代实现创新发展指明了方向。

2020 年 4 月，国家图书馆、中国图书馆学会受文化和旅游部公共服务司委托，承接"全国公共图书馆事业发展战略研究"项目，邀请 15 家副省级以上公共图书馆共同组成全国公共图书馆事业发展战略研究工作组，汇聚全国公共图书馆及全行业专家团队力量，围绕公共图书馆文献资源建设、基层公共文化服务、优秀传统文化传承发展、全民阅读服务、新技术创新应用等 13 个专题开展研究。通过文献整理、问卷调查、专家访谈、网络调研、实地考察等多种形式，全面总结我国公共图书馆事业的发展经验和问题，明确未来发展思路，共形成约 122 万字的 15 份调研报告，提出 49 项"十四五"时期重点项目建议，于 2021 年 5 月正式结项。为促进项目研究成果的转化利用，国家图书馆、中国图书馆学会联合项目成员馆策划出版"全国公共图书馆事业发展战略研究丛书"，这套丛书既有归纳全部研究内容的总报告，也有针对热点领域分析的专题报告。希望通过这套丛书的出版，为科学谋划公共图书馆事业"十四五"时期及未来更长远发展、支撑各级各类图书馆的中长期规划编制，以及图书馆学开展专业研究、文化主管部门进行有效管理提供参考。

丛书在编纂过程中，得到了全国许多图书馆的积极参与与热情帮助，得到了专家学者及其研究团队的理解支持与悉心付出，在此我谨向所有参与这套丛书编纂出版的机构与个人表达衷心谢忱。我们真诚地希望这套丛书能够为我国公共图书馆事业未来转型发展提供更好的思路和建议，同时也希望能够引发社会各界对公共图书馆事业未来发展的更多关注与思考。

文化和旅游部副部长、中国图书馆学会理事长

饶　权

二〇二一年十月

目　录

1 引言

1.1 研究背景和意义

1.1.1 研究背景

现代公共文化服务体系建设是 21 世纪以来文化事业的重点工作，与国家文化战略发展密切相关。在公共文化服务体系中，公共图书馆为近年来民众文化满意度与文化获得感的不断提升做出了重要贡献。在这样的背景下，武汉图书馆联合中山大学组建课题组，开展中部地区基层公共图书馆发展策略研究。本书的研究涉及两个关键议题，一为"基层"，二为"中部"。

从"基层"的角度来看，早在 2017 年，文化部就在《"十三五"时期全国公共图书馆事业发展规划》中将"服务基层、提升效能"作为规划的基本原则之一，指出要"坚持重心下移、资源下移、服务下移，加强资源整合，把优质公共文化服务向城乡基层延伸"①。推进公共图书馆走向基层，更加贴近人民群众的生活，使人民在"家门口"就能接受公共文化服务，这是实现人

---

① 文化部.文化部关于印发《"十三五"时期全国公共图书馆事业发展规划》的通知[EB/OL].[2020-05-01]. https://zwgk.mct.gov.cn/zfxxgkml/ghjh/202012/t20201204_906375.html.

民对美好生活的向往的途径之一。然而,我国基层公共图书馆的发展还存在诸多问题,亟需获得进一步关注。

从"中部"的角度来看,现今我国东中西部基层公共图书馆的建设仍存在着发展不平衡的现象,中部地区的基层公共图书馆建设落后于东、西部地区,存在"中部洼地"现象。2015年,湘鄂赣皖四省公共图书馆联盟所组织的基层公共图书馆发展状况调研显示,中部地区公共图书馆与东、西部地区相比存在一定差距[①]。2016年,"中部地区公共图书馆事业发展论坛"达成了"长沙共识":"十二五"以来,我国公共图书馆事业总体发展态势表现为东部最好、西部次之、中部最低,形成了"中部洼地"。可以说,"十三五"时期开启之初,中部地区公共图书馆事业的发展就引发了关注。

1.1.2　研究意义

(1)本书的研究对中部地区基层公共图书馆建设具有一定的参考意义。本书的研究将通过文献调研法及实地调研法等研究方法,对中部地区基层公共图书馆的现实状况、发展状况、相关环境进行调查,以找寻制约中部地区基层公共图书馆发展的因素,并针对现存问题从图书馆学专业角度提出解决方案以及发展建议,为中部地区基层公共图书馆的崛起提供参考,为均衡全国基层公共图书馆发展水平提供支持。

(2)本书的研究对社会文化发展具有一定的促进作用。本书的研究致力于提高中部地区基层公共图书馆的发展水平,使公共文化服务惠及更多普通群众。基层公共图书馆是基层人民接受公共文化服务的窗口。提高中部地区基层公共图书馆的发展水平,有助于完善中部地区的公共文化服务,使公共文化服务深入基层、走进人民群众,稳固公共文化服务的根基。与此同

---

① 　转引自:李国新,张勇.推动公共图书馆事业"中部崛起"[J].中国图书馆学报,2016(6):4-12.

时，基层公共图书馆的建设有助于学习型社会的建立。本书的研究将帮助中部地区基层公共图书馆提高服务水平，将基层公共图书馆的服务对象扩展至所有年龄阶层，营造浓厚的"全民学习、终身学习、积极向上"的社会风气。

1.2　基层图书馆的概念界定

基层图书馆的定义主要包括以下两种：一是基层图书馆是指处于图书馆系统最底层的图书馆，包括县级图书馆，街道图书馆，科学研究机构情报室以及中小学图书馆，基层工会图书馆，等等；二是基层图书馆是指地（市）级以下的公共图书馆[①]。虽然两种定义在划分方式上有所不同，但都在"基层图书馆是指县级或县级以下的图书馆"上达成了一致。根据我国的现实情况，"基层"一词主要来源于政治领域，指县（市、区）、乡镇、村、街道以及社区的行政单位。由此，基层公共图书馆可以被认为是指设置在县及县级以下，包括乡镇、街道、社区，以本行政区域居民为主要服务对象的公共图书馆[②]。基于以上定义，本书对基层公共图书馆的研究主要集中在县级及县级以下的公共图书馆，包括街道、乡镇、社区等层级的公共图书馆，其中又以街道和乡镇公共图书馆为研究的重点。

需要特别指出的是，基层公共图书馆的建设与我国公共图书馆总分馆制有着密切的联系。2016年，《关于推进县级文化馆图书馆总分馆制建设的指导意见》提出，到2020年，全国具备条件的地区因地制宜建立起上下联通、服

---

① 陈雅,薛祯祯,周萍.面向全民阅读的基层公共图书馆服务定位研究[J].图书馆学研究,2015（22）:35-39.

② 吴汉华,胡洁,宋家梅.我国10省市基层图书馆现状调查分析[J].图书情报工作,2012（21）:16-21.

务优质、有效覆盖的县级文化馆、图书馆总分馆制①。建设以县级图书馆为中心的区域总分馆制有助于解决县及县级以下公共图书馆资源整合不佳、城乡公共文化服务不均等问题。《关于推进县级文化馆图书馆总分馆制建设的指导意见》提出，公共图书馆总分馆制的建设由县级人民政府具体组织实施，整合县域内的公共阅读资源，由总馆主导文献资源的采购、编目、配送、通借通还及人员培训，总馆对分馆具有业务指导以及资源调配的作用。基层区域总分馆制将有效助力基层公共图书馆的建设。

1.3 研究内容和范围界定

1.3.1 研究内容

第一，本书将对我国中部地区基层公共图书馆的发展现状与问题进行分析。本书将通过实地调查与文献调查等方式，呈现中部地区基层公共图书馆的各方面发展状况。同时，选取典型案例，分析其特点与优势，寻找可借鉴的经验，并总结基层公共图书馆存在的问题与不足。其中，既对中部各省的数据进行整合分析，也选取有代表性的六个省份进行重点分析。

第二，本书将探讨国内外基层公共图书馆的发展模式。本书将对制约基层公共图书馆发展的因素进行梳理与分析，归纳总结国内外基层公共图书馆的发展模式。其中，着重挖掘国内外欠发达地区的优秀基层公共图书馆的案例，从其发展模式中提炼可供借鉴与学习的先进经验。

---

① 文化部　新闻出版广电总局　体育总局　发展改革委　财政部关于印发《关于推进县级文化馆图书馆总分馆制建设的指导意见》的通知[EB/OL].[2020-07-02]. http://www.gov.cn/gongbao/content/2017/content_5216448.htm.

第三，本书将对中部地区基层公共图书馆的发展环境进行分析。本书将对国家的"中部崛起"与"乡村振兴"战略、公共文化与公共图书馆领域相关战略进行分析，指出其对基层公共图书馆发展的影响，同时说明中部地区基层公共图书馆在"十四五"时期所处的环境特征、面临的机遇与挑战以及未来的发展趋势。

第四，本书将归纳基层公共图书馆"中部崛起"的战略目标与核心任务。在对基层公共图书馆进行现状调查、案例分析与环境分析的基础上，本书将结合国家战略与未来发展机遇，提出基层公共图书馆"中部崛起"的战略目标，指明实现该目标所要完成的核心任务，以促进全国基层公共图书馆的均衡化发展。

1.3.2　范围界定

我国对于"中部地区"有多种提法。"七五"计划期间，国家计划委员会曾按照地理划分方法以及经济发展水平，将中国划分为东部、中部与西部，其中中部地区包括山西、内蒙古、吉林、黑龙江、安徽、江西、河南、湖北、湖南9个省份[①]，同时，《中华人民共和国1985年工业普查资料》[②]也明确标注了中部地区为以上9个省份。2016年，国家发展和改革委员会正式印发《促进中部地区崛起"十三五"规划》，根据其划分标准，中部地区包括山西、安徽、江西、河南、湖北和湖南6个省[③]。2018年，文化和旅游部发布《中华人民共和国文化和旅游部2017年文化发展统计公报》，其中解释说明

---

① 我国是如何划分东部、中部和西部的？［EB/OL］.［2020-05-01］. https://www.cnki.com. cn/Article/CJFDTotal-TIAN200007015.htm.

② 中华人民共和国1985年工业普查资料［EB/OL］.［2020-08-05］. https://www.year bookchina.com/navibooklist-N2006090355-1.html.

③ 中华人民共和国国家发展和改革委员会.促进中部地区崛起"十三五"规划［EB/OL］. ［2020-05-01］. http://fgw.czs.gov.cn/uploadfiles/201701/20170103160408401001.pdf.

了中部地区包括河北、山西、吉林、黑龙江、安徽、江西、河南、湖北、湖南、海南 10 个省份 [①]。本书沿用文化和旅游部在文化发展统计公报中的划分标准，研究包括河北、山西、吉林、黑龙江、安徽、江西、河南、湖北、湖南、海南在内的 10 个省份的基层公共图书馆，其中，对于《促进中部地区崛起"十三五"规划》中的山西、安徽、江西、河南、湖北和湖南 6 个省（即"中部六省"）又给予特别关注。

1.4 研究思路和研究方法

1.4.1 研究思路

（1）分析政策文本

"十三五"时期，我国出台了一系列与基层公共图书馆相关的政策文本。以文化和旅游部（原文化部）印发的《"十三五"时期全国公共图书馆事业发展规划》为例，其强调完善公共图书馆服务体系，突出县级总分馆及服务点建设，指出要坚持重心下移、资源下移、服务下移，加强资源整合，把优质公共文化服务向城乡基层延伸，为各地基层公共图书馆的发展提供了指导 [②]。因此，对国家宏观政策和东中西部政策体系的梳理是本书的研究的基础，这有利于准确把握中部地区基层公共图书馆的发展方向和外部环境，也能更好地分析政策落实情况，提出解决办法。在对各省份政策的梳理中，重点关注山西、安徽、江西、河南、湖北和湖南 6 个省，从"中部洼地"的角度把握

---

① 中华人民共和国文化和旅游部. 中华人民共和国文化和旅游部2017年文化发展统计公报[EB/OL].[2020-11-24]. http://zwgk.mct.gov.cn/auto255/201805/t20180531_833078.html.
② 文化部. 文化部关于印发《"十三五"时期全国公共图书馆事业发展规划》的通知[EB/OL].[2023-01-09]. http://www.gov.cn/xinwen/2017-07/07/content_5230578.htm.

中部重点区域的政策发展情况。

（2）借鉴先进经验

先进经验包括国际经验和国内经验。一方面，以往我们更重视欧美发达国家的公共图书馆案例，对国际不发达和欠发达地区优秀的公共图书馆关注较少，课题组侧重从后者挖掘、总结可借鉴的理念和方法，将其运用到中部地区基层公共图书馆发展中。另一方面，我国东部、西部和中部地区发展较好的基层公共图书馆经验也可供参考。本书通过实地调查和访谈等工作，发掘先进经验和方法，以便推动中部地区基层公共图书馆事业的协调发展。

（3）梳理现存问题

本书通过调研以及对相关数据的梳理，聚焦中部地区基层公共图书馆主要发展指标，并将各个指标与东部、西部基层公共图书馆进行比较，结合中部地区的发展现状以及历史特色，分析目前中部地区基层公共图书馆发展过程中存在的问题。

（4）提出发展战略

在上述工作的基础上，本书综合中部地区实际情况，立足区域特色，综合考虑其社会、文化、经济、技术、生态等方面的特征，提炼具有中部特色的基层公共图书馆发展路径，因地制宜构建对应的发展战略和重点项目，以推动中部地区基层公共图书馆事业的发展。

需要说明的是，由于以往研究对中部地区基层公共图书馆事业的资源不足、人力不足、专业性不足问题已经有较为完整的调研和阐述，加上篇幅的限制，本书的研究并不试图呈现中部地区基层公共图书馆的整体面貌，而将重点从总分馆体系建设的角度探讨我国中部地区基层公共图书馆的发展空间和制约条件，进而思考对应的发展策略和方向。总分馆制是近年来基层公共图书馆建设和发展的重要抓手，倘若总分馆体系建设拥有较好的发展基础和支撑，即便目前阶段基层公共图书馆仍未振兴，其崛起仍然是可期的。总分馆制的成败并不取决于分馆，更大程度上取决于总馆（一般为县级馆，部分地区为市级馆）的水准。因此，我们既要考察目前总分馆制的建设情况，还要考察县级馆乃至市级馆、省级馆的基本情况，从整体上了解中部地区基层公共图书馆事业的可持续发展情况。

1.4.2　研究方法

（1）文献调研法

通过各大学术数据库及政策数据库，课题组梳理了学界对于基层公共图书馆的研究成果，以及业界所提供的支持性政策与行业标准。在对文献进行整理、分析后，形成关于国家以及各地区的政策文件与基层公共图书馆研究的综述，限于篇幅，这部分内容未体现在本书中。

（2）专家访谈法

为了收集更为专业的实践指导意见以支持基层公共图书馆的发展，课题组以电话访谈的方式，分别采访了东、中、西部多名图书馆学研究者和图书馆从业者，听取其对中部地区基层公共图书馆的意见和建议。

（3）问卷调查法

本书采用问卷调查配合电话访问的方法，调查中部地区有代表性的基层公共图书馆。课题组重点调查了 4 个市级总分馆体系和 7 个县级总分馆体系的建设情况，梳理了当前该地区总分馆体系中分馆的基本情况，了解基层公共图书馆的保障能力和服务效能。

（4）数据分析法与案例研究法

本书通过人均文献藏量、人均购书费等重点数据呈现中部省份公共图书馆的总体发展状况，同时将前三批国家公共文化服务体系示范区中的 5 个示范区作为重点案例进行专门研究，以求从数据和案例中挖掘"中部洼地"现象形成的原因及其破解之路。

（5）比较研究法

本书梳理和分析了国内外基层公共图书馆的建设经验，对比、分析我国东、中、西部基层公共图书馆的整体状况和发展条件，从而发掘中部地区基层公共图书馆的独特战略路径。

2 理论进展：基层公共图书馆研究综述

在公共图书馆的服务体系中，基层图书馆像细胞一样深入基层为人民群众提供文化服务。近年来，基层图书馆在一定程度上得到更多的关注，相关的研究也不断涌现。下文主要从基层公共图书馆发展现状、各类基层公共图书馆研究、中部地区基层公共图书馆研究、东部基层公共图书馆研究以及西部基层公共图书馆研究这五个方面对现有成果进行梳理。

2.1 基层公共图书馆发展现状

近年来，我国基层图书馆的建设取得了较大成效，馆舍数量不断增多，覆盖面积不断扩大，但也存在一些问题。《我国乡镇（街道）、村（社区）图书馆（室）发展现状调研报告》（2011）对黑龙江省、陕西省、甘肃省、湖北省、贵州省、广东省、浙江省、北京市、上海市以及长春市9个省（直辖市）及1个地级市的基层图书馆进行了调研，指出基层图书馆的发展受其所在地理区域、地方经济发展水平、基层政府重视程度等多种因素的影响，目前存在缺少专职馆员、缺乏可持续发展能力、设施设备建设水平低等问题[①]。这份调研报告只能反映部分地区基层图书馆的发展现状。统计结果显示，截至 2017 年，我国有 7957 个街道、31832 个乡镇、10 万个城市社区[②]，然而尚未发现关于全国基层图书馆数量的数据，因此笔者再次进行了文献调研，期待了解基层公共图书馆整体的发展现状。

2.1.1 县级图书馆发展现状

我国县级公共图书馆在不断发展，但县级公共图书馆存在的问题相对更多。

2005 年，郜向荣等对湖南、湖北、河南、陕西、广西 5 省（自治区）10 县的县级公共图书馆进行了调查，发现我国内陆地区部分县的公共图书馆面临着生死存亡的困境[③]。2012 年，王纲对四川省县级公共图书馆进行了调研，了解到部分县级公共图书馆已经建立，但这些县级公共图书馆多与文化馆合并为一个单位，存在政府对图书馆的资金投入少、图书馆专业人才少、管理体制不合理等问题[④]。刘宝玲于同年对河南省的 61 个县级公共图书馆进行了调查，发现随着文化信息资源共享工程的实施、普遍均等的公共文化服务体系的建设以及全国公共图书馆评估活动的开展，县级公共图书馆的基本服务发展较快，但仍存在对图书馆事业的重视度不够、经费投入不足、藏书不能够满足读者需求、读者对图书馆的认知度不高、缺乏专业人才、总分馆建设不

---

① 吴汉华,胡洁,宋家梅.我国10省市基层图书馆现状调查分析[J].图书情报工作,2012（21）:16-21.

② 中华人民共和国国家发展和改革委员会.城乡社区服务体系建设规划（2016—2020年）[EB/OL].[2020-06-28].https://www.ndrc.gov.cn/fggz/fzzlgh/gjjzxgh/201707/t20170707_1196830.html.

③ 郜向荣,郭卫宁,徐军华,等.基层图书馆生存状态忧思录——5省10县图书馆调查纪实谈[J].图书馆,2005（1）:18-24.

④ 王纲.甘孜州基层图书馆的现状和发展——三县四馆的实地调查[J].四川图书馆学报,2012（4）:27-30.

普遍、缺乏法律保障等问题①。在陕西省咸阳地区，马竹英等对11个县级公共图书馆的基本情况进行了调查分析，发现普遍存在馆舍陈旧狭小、经费保障不足、服务方式落后、馆员职业理念和职业素养差等诸多问题②。由此可见，县级公共图书馆的发展状况值得关注。

2.1.2 乡镇（街道）级图书馆发展现状

李国新曾指出，我国乡镇社区图书馆的现状总体上可以概括为"家底不清、基础不稳、能力不强"③。在我国农村，截至2018年底，96.8%的乡镇有图书馆、文化站，全国共有58.7万个农家书屋，向广大农村配送超过11亿册图书④。在中部地区，部分地区农家书屋已经实现了"村村有、全覆盖"的目标，但大部分农家书屋仅能够提供借阅服务，提供的其他形式的服务较少⑤。在西部地区，有馆员以宁夏的原州区乡镇、村图书馆为调查对象，了解到原州区乡镇图书馆在公共服务场地、时间、图书资料方面基本有保障，服务内容、服务次数基本能够达到国家要求，但人员配置短缺问题突出，图书资料以及数字化信息资源利用率低下，还存在行政推动与内源发展不平衡、乡镇公共图书馆服务的人力资源配置比例失衡、文化服务资源配置和服务对象错位、"网络连城乡"效率低等问题⑥。在东部地区，一项调查的对象是福州市仓

---

① 刘宝玲.河南省基层图书馆基本服务现状调查分析[J].新世纪图书馆，2012（7）:91-94，54.
② 马竹英，王立.陕西咸阳地区基层图书馆现状调查及思考[J].图书馆论坛，2010（2）:20-22，9.
③ 李国新.我国乡镇社区图书馆的现状与发展[J].图书馆论坛，2007（6）:59-63.
④ 国家统计局农村司.农村经济持续发展 乡村振兴迈出大步——新中国成立70周年经济社会发展成就系列报告之十三[EB/OL].[2020-06-28]. http://www.stats.gov.cn/tjsj/zxfb/201908/t20190807_1689636.html.
⑤ 程结晶，陈淋，钱晓芳，等.江西省基层图书馆服务体系建设的现状分析[J].图书馆理论与实践，2014（12）:87-91.
⑥ 王岗，张明乾，李刚.宁夏地区乡镇、村图书馆服务发展路径研究——原州区乡镇、村图书馆服务现状调查[J].图书馆理论与实践，2019（9）:1-6.

山区的乡镇（街道）级图书馆，调查结果显示，乡镇（街道）级图书馆一般都建在各乡镇（街道）级的文化站中，其中乡镇文化站的使用面积符合国家标准，而街道文化站则普遍未能达标。在被调查的公共图书馆中，约四分之一的图书馆能够提供无障碍设施，所有图书馆都能够免费开放与提供基本服务，部分图书馆还会举办免费讲座及培训。但由于采购经费的制约，人均藏书量只有 0.03—0.4 册，数字图书资源非常贫乏，目前尚无法提供很好的数字文化服务。一些图书馆缺乏人员业务培训，存在缺少专业馆员、急需提高人员素质、设施设备急需标准化等问题[①]。在经济发达的上海市，有馆员调研了松江区的镇（街道）图书馆，认为办馆条件落后，业务建设不规范，读者服务不到位，与建设社会主义新农村文化目标距离甚远[②]。在广州市，学者通过调研发现石牌街道图书馆由街道办事处与广州图书馆合办，馆内有四大功能分区，还有多媒体电子阅览室，能够提供基本的阅览服务，但存在服务种类单一、质量不高、层次不高的问题[③]。

2.1.3 社区图书馆发展现状

城市社区图书馆的建设既取得了一定的成就，也存在进一步发展的空间。例如，在西部地区，宁夏于 2006 年初步形成了城乡一体化公共文化服务四级网络。该网络以宁夏回族自治区图书馆、文化馆为龙头，以县级图书馆、文化馆为骨干，以乡镇、街道文化站（文化中心）为基础，以村、社区文化活动室为触角，以个体文化户为补充。宁夏的城市社区图书馆有效运用了总分馆模式，自 2008 年起，宁夏回族自治区图书馆在银川市创建了 60 余个社

---

① 邱丰.福州市仓山区乡镇（街道）图书馆服务现状调查[J].图书馆学研究,2017(1):29-34.

② 张群.松江区镇（街道）图书馆现状统计与发展思考[J].图书馆杂志,2008(8):35-37.

③ 洪凯,黄菲菲.让基层图书馆转起来——基于广州石牌街道图书馆的观察[J].图书馆论坛,2012(5):57-60.

区图书室，各市又在各自的城市社区创建了数量不等、规模不一的图书馆分馆，构建了宁夏回族自治区城市社区图书馆服务体系的基本骨架①。在东部地区，江苏的城市社区图书馆的数量在不断增多，规模逐渐增大，服务半径不断扩大，服务呈现多样化，地理分布逐渐趋于合理化，社会力量逐渐参与建设城市基层图书馆。但该地区社区图书馆也存在一些问题：各城市已建立的社区图书馆数量、规模、服务水平差距较大，同一城市的社区图书馆分布不均等②。在厦门市，社区图书馆发展迅速。厦门市通过"万家社区图书馆援建和万家社区读书活动"以及"农家书屋"建设工程，建设了一批社区图书馆，实现了行政村"农家书屋"全覆盖③。但与此同时，上述体系或网络仍普遍存在一些不足，主要表现在：图书馆总量偏低、布局不合理、管理不统一、建设标准缺失、起点偏低、发展资金不足、整体质量不高④。

总体而言，我国基层公共图书馆发展较快，但发展水平不均衡。在不同层级的基层公共图书馆中，县级图书馆的发展状况好于乡镇（街道）级图书馆，乡镇（街道）级图书馆又好于社区图书馆。在不同地区的基层公共图书馆中，东部地区基层公共图书馆的发展明显好于中西部地区。在经济发达地区，乡镇（街道）级图书馆的发展水平甚至高于经济欠发达地区的县级图书馆。在建设方面，多数地区的基层公共图书馆已经建立，有时存在与文化馆合建的现象；在服务方面，发展水平较好的基层公共图书馆除了能够提供基本的借阅服务，还能够提供讲座、培训等延伸与创新服务，而发展水平不好的基层公共图书馆甚至难以保障基础服务。此外，在经费保障、人员配置、

---

①　李楝.宁夏社区图书馆服务体系建设模式及运行机制现状分析[J].图书馆理论与实践，2014（10）:98-100.

②　熊太纯，马坤，孙际红.城市基层图书馆建设现状与综合体图书馆的建立[J].图书馆建设，2015（9）:20-24.

③　林丽萍.厦门市社区图书馆建设现状及思考[J].图书与情报，2011（6）:98-101.

④　吕珩.珠海社区图书馆建设现状调查分析与发展思考[J].图书馆论坛，2009（4）:49-52.

设备技术等方面，基层公共图书馆之间也有较大的区别。

2.2 各类基层公共图书馆研究

2.2.1 县级图书馆

目前我国各县（市、区）基本都已经建立了图书馆。这些图书馆的建设比较完备，获得的资源也相对充足。因此，对于这一级别的图书馆，研究者很少将关注点放在生存与建设上，而是更多集中在服务方面，包括阅读推广服务、特殊用户服务、特色主题服务等。

县级图书馆的特殊用户服务是研究的热点。例如，针对农村的留守儿童群体，江西省会昌县图书馆推出留守儿童"家庭导读"服务模式[①]。针对进城务工人员，浙江省长兴县图书馆提供了知识救济服务[②]，广州市海珠区图书馆进行了调研分析[③]，希望更好地发挥图书馆的职能。这说明县级图书馆在积极推行服务的均等化。

许多县级图书馆较为重视创新服务与特色服务。一些有条件的县级图书馆竞相推出各种创新与特色服务：广东省深圳市福田区图书馆推出了"大

① 钟冬莲.公共图书馆服务留守儿童阅读的实践模式分析——以会昌县图书馆"家庭导读服务"项目为例[J].图书馆,2017(12):107-111.

② 黄寅寅.发挥公共图书馆知识救济作用——以浙江长兴县图书馆农民工服务为例[J].图书馆论坛,2008(1):29-31,122.

③ 肖永英,张淼.新生代农民工图书馆服务调查研究——以广州市海珠区图书馆为例[J].图书馆论坛,2015(2):26-30.

家讲坛"① 与 "创意工坊"② 等服务，盐田区图书馆开展了 "海洋" 特色主题服务③；宁夏回族自治区石嘴山市平罗县图书馆开展了 "缤纷暑期" 系列文化活动④，银川市西夏区图书馆开展了 "书虫读书积分兑换" 活动⑤；等等。面对图书馆的创新服务实践，陈关根提出了县级图书馆服务创新的途径，即提高社会服务能力、充分利用社会资源举办公益讲座和展览活动、集约化合理使用经费、开展馆际协作和合作等⑥，为县级图书馆的服务方向指明了道路。

除了以上创新服务，许多研究者还对县级图书馆的服务效能⑦、服务绩效⑧、服务理念⑨、服务价值评估⑩ 等研究主题予以关注。

2.2.2　乡镇（街道）级图书馆

目前大多数研究主要探讨乡镇（街道）级图书馆的建设问题，包括建设路径、建设模式、建设环境等，还有一些研究探讨乡镇（街道）级图书馆的

---

① 林蓝.公共图书馆服务方式和手段创新——以福田区图书馆为例[J].人民论坛,2011（23）:234-235.

② 王丽.公共图书馆体验式阅读推广探究——以深圳市福田区图书馆 "创意工坊" 活动为例[J].国家图书馆学刊,2019（2）:40-50.

③ 龚新年,邹序明.公共图书馆特色服务品牌建设——以深圳市盐田区图书馆 "海洋" 主题服务为例[J].图书馆,2013（4）:132-134,137;尹丽棠.基于海洋经济文化的图书馆服务工作探析——以深圳市盐田区图书馆海洋特色文献馆为例[J].图书馆工作与研究,2014（7）:85-86.

④ 郭彩霞.平罗县图书馆暑期活动丰富多彩[J].图书馆理论与实践,2016（8）:112.

⑤ 西夏区图书馆 "书虫读书积分兑换" 活动,激活全民阅读新能量[J].图书馆理论与实践,2014（12）:128.

⑥ 陈关根.实现区县图书馆服务创新途径及对策——以绍兴市柯桥区图书馆为例[J].图书馆理论与实践,2015（3）:96-99.

⑦ 蔡生福.对县级图书馆公共文化服务效能的启示与思考——以宁夏贺兰县图书馆为例[J].图书馆理论与实践,2014（11）:71-73.

⑧ 顾丽莉.图书馆实施统一服务绩效探析——以深圳龙岗区图书馆为例[J].图书馆论坛,2012（1）:47-51.

⑨ 卢向东.图书馆免费服务的可持续发展研究——以深圳市龙岗区图书馆为例[J].图书馆理论与实践,2015（7）:59-62.

⑩ 吴卫红,朱嘉伊.基于CVM法的公共图书馆服务价值评估的实证研究——以遂昌县图书馆为例[J].图书馆论坛,2013（4）:22-27.

发展现状与存在问题，希望通过问题寻找更好的发展路径。

　　研究的热点之一是乡镇（街道）级图书馆的建设模式。乡镇（街道）级图书馆作为当地的文化服务机构，可以为农村留守妇女等居民建立长效知识援助机制[①]，还可通过文化扶贫的方式助力农民脱贫[②]。但是，目前我国不少地区的乡镇（街道）级图书馆存在发展困境。在此背景下，一些学者从建设模式上寻找解决路径，提出要促进乡镇图书馆可持续发展，需要因地制宜、实事求是地优化管理体制，建立经费保障机制，确立以农为本、服务"三农"的功能定位等[③]。还有学者提出保障乡镇（街道）级图书馆发展的思路，如乡镇图书馆独立建制[④]，乡镇图书馆与农家书屋协调合作，共同构建农村公共文化服务体系[⑤]，以及创建打破城乡二元结构的乡镇图书馆模式[⑥]。除了建设模式，还有研究者指出应当加强评估工作[⑦]。

2.2.3　社区图书馆

　　社区图书馆是城市基层公共图书馆的主要发展形式，刘兹恒等认为其具有"按社区设置、服务灵活、覆盖面广、管理民主"等特点，也具有"终身

---

　　①　邓倩.从农村留守妇女文化生活现状谈乡镇图书馆建设[J].图书与情报,2010(3):15-19.

　　②　唐璞妮,徐苑琳.乡镇图书馆文化精准扶贫研究[J].图书馆工作与研究,2018(2):11-15.

　　③　邓银花.我国乡镇图书馆建设历史回顾和可持续发展[J].图书馆工作与研究,2014(5):20-23.

　　④　余巨平.独立建制是乡镇图书馆可持续发展的根本途径[J].图书馆建设,2009(10):77-79;余巨平.独立建制是推动乡镇图书馆快速发展的有效途径[J].图书馆理论与实践,2010(10):97-99.

　　⑤　张麦青.合作与借鉴:农家书屋与乡镇图书馆(室)建设路径探索[J].图书馆建设,2009(3):105-108.

　　⑥　沈红梅.打破城乡二元结构　创建新型乡镇图书馆模式——浙江省嘉兴市图书馆乡镇分馆建设实践[J].图书馆建设,2008(7):11-13.

　　⑦　万行明.我国乡镇（街道）图书馆评估工作现状及标准化建设研究[J].图书馆工作与研究,2014(12):4-8.

教育、信息中心、文化导向"等多种功能①。早年，学界对社区图书馆的建设与功能定位等问题的探讨较多，其后研究重心逐渐向社区图书馆服务转移。

对于社区图书馆的建设与管理问题，刘兹恒等认为"公共图书馆开设社区分馆、对社区内原有图书馆进行改造、社区内企事业单位共建、住宅小区自建"是社区图书馆建设的四种常见模式，而其管理则可以采用"以居民为中心、适应信息交流范式、符合市场规律、自组织和他组织、集中与分散"等方式②。秦淑贞则提出了另外一种模式——联合型社区图书馆③。唐虹也提出了与前两位学者类似却又不完全相同的湖南省校地共建社区图书馆联盟服务的模式④。在保障机制方面，周英雄认为应以法治建设保障社区图书馆的长期生存，以体制创新提高办馆效益，以优质服务获得发展空间⑤，张凌认为可以建立高校图书馆和社区图书馆互利合作的长效机制⑥。

对于社区图书馆的发展问题，一些学者认为应当由多主体共同努力完成。程亚男指出，社区图书馆的发展需要政府、居区单位、居区民众的共同努力⑦。李静丽等也提出应从政府职能、法律规范、多元化办馆模式、馆员队伍建设等方面进行保障⑧。李玉芬认为社区图书馆的可持续发展有赖于责任主体与业务管理主体上移，以城带乡共同发展⑨。李国明从国家、省、市三级图书馆体制的资源下沉、服务下沉和环境创建等方面探索解决社区图书馆的发展

①② 刘兹恒,薛旻.论社区图书馆的功能、模式及管理机制[J].中国图书馆学报,2002(5):31-34,59.

③ 秦淑贞.英国社区图书馆见闻与中国的社区图书馆建设[J].中国图书馆学报,2003(3):72-76.

④ 唐虹.湖南省校地共建社区图书馆服务模式探讨[J].图书馆,2010(2):100-102;唐虹,李军.校地共建社区图书馆联盟发展模式研究[J].图书馆理论与实践,2010(5):106-109.

⑤ 周英雄.论城市社区图书馆建设[J].图书馆论坛,2007(4):4-7,15.

⑥ 张凌.高校图书馆参与社区图书馆建设研究[J].中国图书馆学报,2006(6):100-102.

⑦ 程亚男.论社区图书馆的建构与发展[J].图书馆杂志,2002(1):54-57.

⑧ 李静丽,谢雨.我国社区图书馆发展概况及对策研究[J].高校图书馆工作,2012(2):47-50.

⑨ 李玉芬.新型城镇化背景下乡镇社区图书馆发展策略研究[J].图书馆,2015(5):57-60.

困境之路 ①。

对于社区图书馆的服务问题，在服务内容方面，肖永英等论述了深圳市社区图书馆实施阅读推广计划的机遇 ②。在服务对象方面，一些学者提出社区图书馆应当做好进城务工人员的知识服务 ③、老年人的健康信息服务 ④以及面向不同群体的个性化服务 ⑤。在服务模式方面，钟源等调研分析国外的社区图书馆的服务模式，提出我国图书馆的发展建议 ⑥。

2.2.4 农村图书馆

目前，我国农村图书馆普遍建设水平不高，还需要大力发展。根据文献调研，多数关于农村图书馆的研究集中于图书馆建设方面。彭飞提出"以县级图书馆为中心，构建农村三级服务网络体系"的设想 ⑦；王虹提出政府办馆、集体办馆、个人办馆、联合办馆、农民集资办馆、募捐办馆等办馆模式，建议灵活地创建农村图书馆 ⑧；刘丽提出，通过援建农村图书馆来帮扶农民的

---

① 李国朋.社区图书馆发展模式创新研究[J].图书馆理论与实践,2016(1):82-84.
② 肖永英,陈永娴.阅读推广计划——深圳市社区图书馆的发展机遇[J].图书情报工作,2006(8):102-105,86.
③ 王若慧.社区图书馆如何为农民工服务[J].图书馆建设,2005(4):94-96;陈喜红.社区图书馆为农民工服务的探讨[J].图书馆论坛,2010(4):170-172.
④ 戴艳清.社区图书馆为老年人提供健康信息服务初探[J].图书馆论坛,2011(4):138-140,146.
⑤ 董继红.社区图书馆全程个性化服务模式探析[J].图书馆工作与研究,2011(2):96-98,122.
⑥ 钟源,吴振寰,陈能华.美国社区图书馆服务内容分析及对我国的启示[J].图书馆,2015(4):51-54;石烈娟.美国社区图书馆服务及其启示[J].图书馆,2009(2):70-72;曾湘琼.美国社区图书馆服务理念及对我国"两型社会"社区图书馆建设的启示[J].图书馆论坛,2010(3):175-178;刘欣.英国伯明翰市社区图书馆读者活动探究[J].图书馆论坛,2016(12):115-120,98;宋琳琳.美国密尔沃基市社区图书馆读者活动探究[J].图书馆论坛,2017(10):136-144.
⑦ 彭飞.农村图书馆事业发展模式研究[J].图书馆杂志,2010(2):39-41.
⑧ 王虹.农村图书馆建设尴尬的背后——高校图书馆人对农村图书馆建设摆脱困境的思考[J].图书馆建设,2006(1):87-89.

模式①。

一些学者研究了农村图书馆的未来发展方向：刘兹恒等认为可通过设立图书馆基金会的方式为农村图书馆提供可持续发展的资金支持②；黄体杨强调，"以人为中心的内源发展"是农村图书馆建设的可行之路③；魏建琳则探究了"不发展"命题，认为该命题的提出是对盲目发展的理性纠偏，"不发展"时也需要开展农村图书服务④。另有学者从历史过往或国外借鉴经验：刘陆军研究了中央政府针对农村图书馆的相关政策，发现政策大致经历了"起步阶段"、"调整阶段"、"深化阶段"和"提高阶段"四个时期，这对解决农村图书馆建设中面临的许多困难有着重要意义⑤；学者还对美国⑥、俄罗斯⑦、芬兰⑧等国家的农村图书馆进行了研究，寻找值得借鉴的经验。

2.2.5　总分馆体系建设

在 2016 年《关于推进县级文化馆图书馆总分馆制建设的指导意见》（以下简称《意见》）⑨颁布之后，总分馆的成果数量明显增多。《意见》指出，要

① 刘丽.强势群体对农民帮扶的可行模式——援建农村图书馆[J].图书情报工作,2010（9）:68-71,87.

② 刘兹恒,朱苟.我国农村图书馆持续发展的可行措施——图书馆基金会[J].图书馆论坛,2009（6）:37-41.

③ 黄体杨.农村图书馆的内源发展思考[J].图书馆杂志,2012（6）:41-47.

④ 魏建琳.刍议农村图书馆建设之"不发展"命题[J].图书馆杂志,2011（12）:12-16,20.

⑤ 刘陆军.我国农村图书馆支持政策演变特征分析[J].图书馆理论与实践,2014（3）:76-79.

⑥ 郑辰,张芳源.美国农村图书馆的可持续发展探究[J].图书馆学研究,2012（5）:31-34;胡维青,张艳花,刘莹,等.美国农村图书馆与数字共融:问题与挑战[J].图书馆学研究,2019（9）:89-93,81.

⑦ 王迎胜.俄罗斯农村图书馆建设的历史及思考[J].图书馆建设,2013（6）:74-77,73.

⑧ 刘海丽.芬兰农村图书馆建设策略及其启示[J].图书馆学研究,2017（13）:75-78.

⑨ 文化部　新闻出版广电总局　体育总局　发展改革委　财政部关于印发《关于推进县级文化馆图书馆总分馆制建设的指导意见》的通知[EB/OL].[2020-07-02].http://www.gov.cn/gongbao/content/2017/content_5216448.htm.

积极推进以县级文化馆、图书馆为中心的总分馆制建设。2017 年 11 月,《中华人民共和国公共图书馆法》（以下简称《公共图书馆法》）正式通过,并于次年 1 月 1 日起施行。以上意见和法律的颁布对基层总分馆的建设具有重大意义。总体而言,研究成果主要涉及法律法规与政策、总分馆体系、建设模式、资源建设等主题。在法律法规与政策方面,《意见》出台以后,邱冠华总结 21 世纪以来国内总分馆建设经历的三个发展阶段,提出总分馆建设需要注意的问题①。金武刚解析《意见》,认为总分馆制建设的前提条件、总馆与分馆构成来源,以及总分馆体系的队伍构成、资源建设、服务提供、活动开展、流动服务、数字服务和政府保障等方面是总分馆制建设的关键要素与发展重点②。李国新也对《意见》进行了解读③。陈丽纳研究了《公共图书馆法》法制框架下的总分馆体系,认为国家应制定总分馆建设标准,地方应制定和实施配套制度④。在建设模式方面,周萍等介绍了总分馆制的基础理论与服务特征,从宏观和微观两个方面构建总分馆建设体系⑤,还对我国的四种总分馆建设模式进行了比较⑥。李辉探讨了四川省锦江区图书馆总分馆试点的建设模式⑦。张世颖等提出了设置三类或四类建设主体,并相应地建立三套或四套总分馆服

---

①　邱冠华.新世纪以来国内公共图书馆总分馆建设回顾与思考[J].中国图书馆学报,2017（4）:18-31.

②　金武刚.论县域图书馆总分馆制建设的十大要点——兼及《关于推进县级文化馆图书馆总分馆制建设的指导意见》解析[J].图书馆建设,2017（5）:4-11.

③　李国新.新阶段　新目标　新任务——《关于推进县级文化馆图书馆总分馆制建设的指导意见》解读[J].图书馆杂志,2017（3）:7-8.

④　陈丽纳.《中华人民共和国公共图书馆法》法制框架下的总分馆体系建设研究[J].图书馆建设,2018（2）:29-34.

⑤　周萍,陈雅.我国公共图书馆总分馆体系研究[J].数字图书馆论坛,2017（11）:35-40.

⑥　周萍,陈雅.我国公共图书馆总分馆建设模式比较研究[J].新世纪图书馆,2018（2）:69-75.

⑦　李辉.县级图书馆总分馆建设模式探讨——兼论锦江区图书馆总分馆制建设试点[J].四川戏剧,2018（8）:171-173.

务体系的"3-3模式"和"4-4模式"①。在新的研究背景下，除了建设模式，孙振东从大数据应用平台建设的角度阐述了平台构建策略②。王天亮探索了文献资源共建共享的路径选择方法③。吴理财等强调，为消除行政消解治理的悖论，必须建构"双向嵌入"的图书馆总分馆治理机制④。陈渊等对县域总分馆的绩效进行了量化评估⑤。王平等提出了"以资源为核心"的欠发达地区总分馆建设与社会合作融合路径⑥。这些关于总分馆建设中的各要素的研究，促进了基层总分馆体系的发展与完善。

2.3　中部地区基层公共图书馆研究

本书所指的中部地区包括河北、山西、吉林、黑龙江、安徽、江西、河南、湖北、湖南、海南这10个省份。近年来，中部地区公共图书馆的发展取得了一定成就，主要表现为基础设施建设逐渐完善、经费保障增长、文献保障能力增强与服务效能提高，但也存在发展不协调、发展速度慢、各项人均

---

① 张世颖,蒋永福.黑龙江省公共图书馆建设主体设置模式及其总分馆服务体系构建方案研究——"3-3模式"的提出[J].图书馆建设,2010(11):11-15;蒋永福,张世颖.我国公共图书馆建设主体设置及总分馆服务体系构建方案研究——"4-4模式"构想[J].国家图书馆学刊,2010(4):26-30.

② 孙振东.总分馆体系下公共图书馆大数据应用平台建设研究[J].图书馆工作与研究,2018(3):69-73.

③ 王天亮.总分馆模式下文献资源共建共享的路径选择研究[J].图书馆,2017(4):91-95.

④ 吴理财,刘建.文化治理视野下图书馆总分馆制的路径偏离及影响[J].图书馆论坛,2018,38(9):85-91,75.

⑤ 陈渊,谢文氢,陈长.总分馆体制下的公共图书馆绩效评估研究——以南海读书驿站为例[J].图书馆论坛,2018(11):133-139.

⑥ 王平,张彤坤,闫朝霞.欠发达地区公共图书馆总分馆建设与社会合作的融合路径——洛阳市少年儿童图书馆田野调查个案研究[J].国家图书馆学刊,2018(5):77-88.

指标最低等问题①。近年来，对于"中部崛起"的呼声日渐增高，相关研究逐渐增多。

2.3.1　"中部崛起"相关研究

对于中部地区公共图书馆事业的发展，2016 年"中部地区公共图书馆事业发展论坛"达成了"长沙共识"："东部最好、西部次之、中部最低"是"十二五"以来我国公共图书馆事业总体发展态势，"中部洼地"问题凸显。其主要原因在于投入不足，具体表现是中央财政资助不充足，经费保障机制不健全，地方政府责任不清晰、落实不到位。解决措施是需要加大政府引导和鼓励社会力量参与公共图书馆服务，以提升公共图书馆的服务效能②。对于"中部洼地"现象，李国新从宏观角度进行了分析。在比较中西部、中东部公共图书馆的主要发展指标后，他认为中部地区公共图书馆资源占有与服务人口不对称、发展速度相对趋慢、均等化水平低、可比服务成本上升是"中部洼地"的主要表现，并指出该现象在中部地区具有一定的普遍性。对此，李国新和张勇提出了加快县域公共图书馆总分馆体系建设、拓展和深化"图书馆 +"与"互联网 +"的"中部崛起"建议，与"长沙共识"既紧密联系又有所区别③。与李国新从宏观角度提出的由上至下式发展不同的是，刘小花提出由下至上的发展对策，认为图书馆可以从自身角度出发，建立和完善全程循环的需求表达机制、完善图书馆绩效评估体系以及加强数字化建设④。金武刚等的思路则既包含宏观角度，也包含图书馆自身角度，他们认为，图书馆应

①　刘小花.实现我国公共图书馆事业均衡发展的新任务——基于内源发展理论的中部洼地现象填补之策[J].高校图书馆工作,2018(6):9-12.
②　中部地区公共图书馆事业发展长沙共识[J].图书馆,2016(11):24.
③　李国新,张勇.推动公共图书馆事业"中部崛起"[J].中国图书馆学报,2016(6):4-12.
④　刘小花.实现我国公共图书馆事业均衡发展的新任务——基于内源发展理论的中部洼地现象填补之策[J].高校图书馆工作,2018(6):9-12.

主动融入国家公共文化建设大政方针，盘活社会存量阅读资源，通过社会力量创新增量资源，而国家应建立适合全社会参与的公共图书馆治理方式 [①]。

2.3.2 中部六省研究

根据本书的界定，中部地区覆盖 10 个省份，每个省的地理位置、人口密度、经济水平、文化发展等状况均不相同，基层公共图书馆的发展情况也不相同。但相对而言，山西、安徽、江西、河南、湖北、湖南 6 个省的中部特征最为明显，"洼地"现象最为严重，学界对此关注也较多。

（1）山西省

目前，学界对山西省基层公共图书馆的研究较少，主要为现状调研。其一是关于公共图书馆服务体系的调研。以柯平为代表的调研组观察到一些市政府启动了"文化低保"工程，这类工程由市县两级财政共同投资，由基层公共图书馆带头为村民送文化。此外，县级图书馆通过多种方式进行阅读推广，村图书室也开展了一些服务 [②]。其二是关于数字图书馆推广工程的调研。根据李琥等的调研，山西省基层公共图书馆已经基本建成了文化信息资源共享工程服务点，其中一些基层图书馆还成为数字图书馆总分馆建设的成员馆 [③]。

（2）安徽省

有关安徽省基层公共图书馆的研究较为缺乏。刘丽借助"映山红"行动对农村图书馆的建设现状进行了思考。"映山红"行动是为贫困地区的留守儿童捐赠图书、建立爱心图书室的一种活动，助推了农村图书馆的发展与农村

---

① 金武刚，刘旭灿.论图书馆事业发展"中部崛起"的思路与对策[J].图书馆，2016（10）：8-14.

② 柯平.公共图书馆服务体系的探索与实践——山西、天津调查纪实与思考（上）[J].图书馆理论与实践，2013（11）：1-3，12.

③ 李琥，李小强.山西省数字图书馆推广工程的建设与实践[J].国家图书馆学刊，2012（5）：54-59.

文化建设①。

（3）江西省

关于江西省基层公共图书馆的研究主要集中在农村。一项关于公共图书馆服务农村情况的调研显示，江西省全省 11 个市级公共图书馆和 89 个县级公共图书馆不仅有服务农村的专项经费和专（兼）职人员，还开展了送书下乡等服务活动，但存在服务规模小等问题②。

（4）河南省

2012 年，河南省初步建立起省、市、县、乡、村五级公共文化基础设施体系，但依然有一些区、街道、社区、乡镇、村没有图书馆③。在一项对新农村图书室的调查中，研究者发现当地的图书室建设存在缺陷，无法满足村民的需求。具体来讲，这些缺陷主要包括：馆藏资源结构不当、文献更新缓慢、开放时间不固定、缺乏宣传与图书排架不合理等方面④。

多位学者认为，基层公共图书馆自身应积极进行建设。李淑君以开封市祥符区图书馆为例，提出公共图书馆的发展在很大程度上取决于有效的自我管理，而自我管理的关键是在服务理念、服务品牌、管理模式、服务措施、服务内容、服务范围、经费机制等方面进行创新⑤。于淇楠在调查周口市郸城县图书馆及当地读者需求后指出，毫无作为将会使县级图书馆逐渐走向"可有可无"的边缘⑥。王会丽从建立市级馆到社区或村级馆的图书馆联盟的角度进行可行性探索⑦。当然，基层图书馆的建设也有先进案例，一些研究在资金、

① 刘丽.农村图书馆建设需要社会的参与——对安徽"映山红"行动的思考[J].图书馆理论与实践,2010（3）:106-109.

② 程远.公共图书馆构建农村服务体系的思考——以江西公共图书馆服务农村工作为例[J].图书馆,2010（3）:142-144.

③ 王会丽.河南省图书馆联盟的建设策略研究[J].图书馆,2013（5）:101-102.

④ 王国强,杨柳,王蒙蒙.新农村图书室少儿阅读服务模式探析——对河南新农村图书室服务现状的调查[J].图书馆建设,2012（6）:73-75.

⑤ 李淑君.县级公共图书馆服务创新研究[D].昆明:云南大学,2018:46.

⑥ 于淇楠.城镇化进程中基层公共图书馆建设研究[D].福州:福建师范大学,2017:69.

⑦ 王会丽.河南省图书馆联盟的建设策略研究[J].图书馆,2013（5）:101-102.

标准化、地点选择、人力资源、管理等方面对信阳市乡镇图书馆的"平桥模式"进行了经验总结[①]。

（5）湖北省

湖北省基层公共图书馆发展状况研究主要分为以下两个方面：其一是关于社区乡镇图书馆的研究。姚迎东调查了湖北省基层公共图书馆的数量、设备配置、经费、读者服务、工作人员等情况，认为存在数量不足、发展不均衡等普遍性问题，图书馆需要通过在体制、管理、服务等方面不断创新来加快发展[②]。其二是关于数字图书馆的研究。徐力文指出，县级图书馆在湖北省文化信息资源共享工程中担任基层中心的角色，助推基层公共图书馆的自动化与信息化发展[③]。

（6）湖南省

杨思洛等指出，长沙区域的图书馆具有"总分馆、区域图书馆联盟、区域联合协作服务"三大共享模式，其中，总分馆模式将长沙市图书馆作为总馆，将县级、乡镇（街道）、社区（村）图书馆作为分馆，助力基层图书馆的发展。同时，基层图书馆也参与到长沙区域图书馆联盟和区域联合协作服务模式中，在信息服务体系中发挥基层作用[④]。除了以上研究，还有关于农民信息需求[⑤]、农村文化信息需求[⑥]以及农村文化信息服务[⑦]的研究，或能为相关研究提供参考。

---

① 王宏鑫,仝亚伟,周云颜,等.走向农村公共图书馆服务的整体化平台——河南信阳"平桥模式"研究[J].中国图书馆学报,2013（4）:4-15.

② 姚迎东.社区乡镇图书馆建设发展分析探究——以湖北部分地区图书馆为例[J].四川图书馆学报,2013（1）:25-28.

③ 徐力文.大力推进湖北文化信息资源共享工程建设[J].图书馆理论与实践,2003（6）:96-98.

④ 杨思洛,王自洋.区域图书馆资源共享模式研究——以长沙地区为例[J].国家图书馆学刊,2013（3）:8-15.

⑤ 刘敏,邓益成,何静,等.农民信息需求现状及对策研究——以湖南省农民信息需求现状调查为例[J].图书馆杂志,2011（5）:44-48,62.

⑥ 陈瑛,伍艺.湖南省农村文化信息需求调查报告[J].图书馆,2009（2）:58-61,66.

⑦ 伍艺.湖南农村文化信息服务创新与保障机制研究[J].图书馆,2011（6）:111-113.

2.4　东部地区基层公共图书馆研究

东部地区在图书馆发展领域率先宣扬平等、免费服务的理念，并积极实践，涌现出许多典型案例，积累了不少成功经验。许多学者对东部地区的基层公共图书馆进行了研究，相关成果较为丰硕。

2.4.1　建设模式研究

（1）现有建设模式的经验总结。廖小梅等对 21 世纪以来东部地区基层图书馆的几种建设模式进行了经验总结，这些建设模式包括东莞的集群图书馆、深圳图书馆之城、佛山禅城区联合图书馆、苏州紧密型总分馆、嘉兴城乡一体化公共图书馆服务模式等[①]。还有学者总结了深圳图书馆之城的建设成效[②]与建设进展报告[③]，为未来发展提供基础。除了以上几种建设模式，广东的流动图书馆模式也较为受关注。以陈卫东、王蕾等为代表的学者的研究主题包括广东流动图书馆模式的创新性[④]、省级图书馆开展基层业务辅导的思路[⑤]、流动图书馆的内在体系与特征[⑥]以及实施成效与成果评价[⑦]、流动图书馆保障基层读者阅读权利的创新实践[⑧]等。这些研究对流动图书馆模式的各个方面进行了充

① 廖小梅,梁艳萍.新世纪10年东部地区基层公共图书馆发展的理念与实践[J].高校图书馆工作,2011（4）:9-14.

② 余胜.深圳"图书馆之城"建设的成效与发展思考[J].图书馆论坛,2007（2）:110-113.

③ 冉文革.深圳图书馆之城:五年进展报告[J].图书馆,2010（1）:11-15,18.

④ 张琦,王蕾.广东流动图书馆模式制度化研究[J].图书馆论坛,2011（5）:45-49,8.

⑤ 陈卫东.广东流动图书馆网络管理模式实践与研究——省级图书馆基层业务辅导新思路探索[J].图书馆论坛,2007（5）:79-82.

⑥ 谢小燕,王蕾.广东流动图书馆建设实践研究[J].图书与情报,2011（2）:84-90.

⑦ 陈卫东,王蕾.广东流动图书馆及其效益研究[J].图书馆,2013（1）:28-30,39.

⑧ 宋玲.广东流动图书馆:实现基层读者阅读权利的探索[J].图书馆建设,2006（1）:27-29.

分探讨，极大地丰富了基层公共图书馆的建设理论。

（2）新的建设模式的构想。在社区图书馆建设方面，李忠霞基于对天津社区图书馆的实地调查，从管理体制、投资模式、馆藏建设、服务开展等方面阐述了建设构想[①]。与之类似，龙叶等通过对天津社区图书馆的调研，提出社区图书馆由"市—县—街道"统筹管理、利用社会资本合作建设社区图书馆等多种模式[②]。在服务体系建设方面，苏燕玲提出镇村一体化的服务体系建设模式，并列举了浙江嘉兴模式、宁波江东模式、深圳宝安模式与东莞虎门模式的建设案例[③]。在基层公共图书馆网建设方面，张洪彬对苏州地区、嘉兴地区和深圳地区的案例进行了分析，之后从网点建设的角度阐述基层公共图书馆的网络布局可以采用"行政＋人口"的布局模式，且认为网点体系层级越少越好，宜采用扁平化管理的方式[④]。

2.4.2　保障机制研究

基层公共图书馆的运营与发展离不开合理的保障机制，这些保障机制涵盖制度、经费、人才等方面，向来是研究的热点。这方面的研究内容主要包括以下三个方面：第一，社会力量保障基层公共图书馆发展研究。张赞梅以嘉兴市的实践为例，总结嘉兴市农村图书馆借助社会力量努力发展的经验，如"政府投入，公办民助""企业出资，民办公助""村企联动，冠名资助""城乡结对，以城带乡"等方式，这些经验能够为城乡一体化发展提供借

① 李忠霞.新建社区图书馆建设探讨[J].图书馆论坛,2007（4）:178-180,154.

② 龙叶,陶海宁.天津市社区图书馆建设模式研究——以天津市华苑及周边小区社区图书馆为例[J].图书馆学研究,2012（16）:19-22.

③ 苏燕玲.镇村一体化:基层公共图书馆服务体系建设思考[J].图书与情报,2013（3）:108-111.

④ 张洪彬.我国基层图书馆网点建设模式分析与思考[J].图书馆学研究,2011（8）:11-14.

鉴[①]。该学者在另一篇文章中更具体地阐述了社会力量参与农村（社区）图书流通站的建设方式[②]。第二，制度设计研究。樊会霞从制度设计的角度，指出要建立健全政府绩效考核责任机制、建设数字农家书屋以及将农家书屋纳入公共图书馆总分馆体系[③]。蓝海波则从总分馆制建设的角度论述了普及基层图书馆的方式[④]。第三，管理模式研究。穆绪涛等探讨了县级以下基层公共图书馆的管理体制和县级中心馆的管理机制，对县级中心馆的协调机制、多元灵活的办馆机制等进行了论述，也阐述了免费服务制度、人员管理制度和法律法规标准[⑤]，为基层图书馆的发展提供理论基础。

2.4.3 用户服务研究

用户服务是图书馆的重要功能，是图书馆设立的重要目的之一。东部地区的图书馆在有了坚实的保障基础的前提下，积极探索用户服务的道路。第一，阅读推广是研究的重点。吴志敏从深圳市罗湖区图书馆的阅读推广实践出发，肯定了基层图书馆服务网络建设在保障阅读推广活动顺利进行中的积极作用，还从阅读环境、阅读活动、阅读对象等方面阐述了阅读推广的渠道[⑥]，为后续研究提供了许多思路。梁丹婷等探讨了亲子阅读推广面临的发展不平衡、人力不足与家长认识不足等困境，认为可通过打造阅读推广队伍、

---

① 张赞梅.社会力量参与公共图书馆服务体系建设研究——以嘉兴市的实践为例[J].图书馆理论与实践,2013（7）:4-6.

② 张赞梅.社会参助村（社区）图书流通站建设研究——基于嘉兴市图书馆总分馆制实践[J].图书馆学研究,2012（4）:23-26.

③ 樊会霞.我国东部与中西部农家书屋可持续发展的比较研究[J].图书馆学研究,2013（14）:68-72.

④ 蓝海波.论我国公共图书馆普及化的模式[J].图书馆论坛,2007（5）:43-46.

⑤ 穆绪涛,曹海霞.我国东部地区县以下基层图书馆管理模式研究[J].图书馆理论与实践,2010（9）:104-107.

⑥ 吴志敏.社会阅读推广与公共图书馆使命——兼论罗湖图书馆阅读推广实践[J].图书馆学研究,2011（4）:86-89.

延伸阅读空间等方式解决这些问题[①]。李保东从阅读推广的营销策略入手，从用户细分、合作决策、内容绩效、技术、人才、品牌、机制改革等方面为镇街公共图书馆的阅读推广提出了营销策略[②]。第二，用户服务平台建设相关研究。良好的服务平台有利于提高图书馆服务的质量。欧阳红红关注到了县级公共图书馆的微信公众平台利用情况，在调查福建省县级公共图书馆微信平台情况的基础上，提出加强宣传、保证质量、丰富功能等建议[③]。第三，延伸服务研究。延伸服务是图书馆于传统服务之外开展的服务，李保东等肯定了延伸服务对基层图书馆的意义，分析了东莞市基层图书馆在延伸服务供给方面存在的问题，并提出新增空间供给、加大有效资源供给、改革时间供给、推进精准服务、增加个性化服务供给等建议[④]。

2.5　西部地区基层公共图书馆研究

2.5.1　保障机制研究

西部地区经济落后，贫困县多，要想发展基层图书馆，需要提供坚实的财政、制度等方面的保障。张文超认为，根据西部的现实情况，不能仅靠政府的财政投入解决经费问题，还需要利用社会力量和社会募捐[⑤]。除了利用社

———————————

①　梁丹婷，陈志良，叶霭帆.基层图书馆亲子阅读推广的探索与思考——以东莞图书馆大朗分馆"朗读亲子馆"系列活动为例[J].图书馆理论与实践，2019（7）：102-105.

②　李保东.镇街公共图书馆阅读推广营销策略研究[J].图书馆论坛，2018（8）：135-140.

③　欧阳红红.福建省县级图书馆微信公众平台利用情况调查与分析[J].图书馆学研究，2017（14）：17-23.

④　李保东，胡利勇.基层公共图书馆延伸服务提升策略研究——以东莞市为例[J].图书馆理论与实践，2019（9）：76-82.

⑤　张文超.西部地区社区图书馆解决办馆困难的有效途径——募捐[J].图书与情报，2009（2）：115-118，126.

会力量进行募捐，财政也是图书馆的重要经费来源。段小虎等指出，政府需要完善财政的"兜底"保障功能，构建以基本服务均等化为导向、以财政转移支付为手段、以"客观因素"为测算依据的针对西部贫困县公共图书馆的财政保障新机制①。除了经费，制度设计也是保障基层公共图书馆稳定发展的重要因素。菊秋芳等认为，要想让基层公共图书馆发挥文献资源共享的实际作用，需要在法律法规层面加以保障，制定出台区域性公共文化服务体系建设及发展的中长期规划②。在制度设计上，段小虎指出，其核心内容是结合西部的地域性文化模式，建立与农村居民文化需求相匹配的有效供给体系③。在乡镇图书馆的实践中，贵州省遵义县乡镇图书馆的成绩得到了认可，熊树华等认为其成绩离不开政府的重视和支持以及社会资金的资助④。

2.5.2 用户服务研究

用户研究有利于基层公共图书馆提供更好的服务。段小虎对宁夏和陕西的农村人口进行了调研，发现农村居民的信息形式结构、信息内容结构、公共服务满意度均与人口结构呈现出密切的逻辑关联⑤。此外，他还认为可以从农村居民的人口教育结构、人口年龄结构、人口民族结构出发，构建信息消费群体聚类细分新体系，并指出基层图书馆可在培育农村地区"文明生长

---

① 段小虎,谭发祥,赵正良,等.西部贫困县图书馆"跨越式"发展的财政保障研究[J].图书馆论坛,2016（1）:1-9,41;段小虎,张梅,谢逸芸,等.西部贫困县图书馆"因素法"财政保障研究[J].图书馆论坛,2018（1）:21-35.

② 菊秋芳,尚硕彤.试论西部民族区域社区公共文化服务体系构建——以基层图书馆为例[J].图书馆理论与实践,2011（10）:88-89,93.

③ 段小虎.西部基层图书馆建设研究之一:文化生态视角下的制度设计[J].图书馆论坛,2015（7）:21-26.

④ 熊树华,冉隆静.西部地区乡镇图书馆可持续发展途径探索——贵州省遵义县乡镇图书馆近30年发展历程的启示[J].国家图书馆学刊,2009（4）:66-69.

⑤ 段小虎.西部基层图书馆建设研究之二:人口结构与文化（信息）需求[J].图书馆论坛,2015（8）:77-83.

点"、打造农村地区"公共文化空间"、维护民族文化生态平衡方面发挥积极作用[①]。邓倩发现西部留守儿童的文化生活现状不容乐观，建议乡镇图书馆加强对留守儿童的关怀[②]。

基层公共图书馆建设的重要目的之一就是提供服务，由此产生了一些关于服务的研究。蔡生福介绍，中国"2014最美基层图书馆"贺兰县图书馆创新服务，践行功能多元化、活动品牌化、借还自助化、服务公益化的目标，还创新服务理念、提高服务效能，对其他基层公共图书馆的建设具有示范作用[③]。当落实到具体服务时，西部民族地区的基层公共图书馆在民族地区开展全民阅读活动具有重大意义，但目前该地区在民众阅读方面存在阅读率低、受宗教文化影响大、通俗化低俗化阅读泛滥、阅读场所简陋等问题，需要着力发挥公共图书馆的作用，促进民族地区全民阅读活动的发展[④]。除了加强全民阅读的相关工作，陶小鹏指出，西部基层公共图书馆在发展过程中存在信息资源建设针对性差、"惠民工程"缺乏统筹规划等问题，需要加强移动智能服务等方面的建设[⑤]。

综合以上研究可以发现，我国基层公共图书馆在东中西部地区的发展非常不均衡，由此带来的研究侧重点也不同。对于中部地区，学者们对"中部崛起"的呼声很高，侧重于讨论基层公共图书馆的建设与发展路径，并希望通过一些地区的案例总结出适合发展的模式；对于东部地区，研究侧重于基

---

① 段小虎.西部基层图书馆建设研究之三:农村信息消费群体的聚类细分[J].图书馆论坛, 2015(9):60-66,88.

② 邓倩.面向农村留守儿童的西部乡镇图书馆建设[J].图书情报工作,2011(19):101-105.

③ 蔡生福.对县级图书馆公共文化服务效能的启示与思考——以宁夏贺兰县图书馆为例[J].图书馆理论与实践,2014(11):71-73.

④ 李科萱.西部民族地区基层图书馆开展全民阅读活动现状与对策[J].青海民族研究,2016(3):210-212.

⑤ 陶小鹏.西部地区基层图书馆服务困境及解决对策[J].图书馆工作与研究,2015(12):96-98.

层公共图书馆的发展实践、管理模式、用户服务等研究，学者们可以从大量的成功实践中总结先进经验；对于西部地区，研究多关注基层公共图书馆的建设与保障问题，少量涉及用户和服务的问题。随着研究的持续深入，相信今后可以呈现出东部引领、中部崛起、西部繁荣的新局面。

3 中部洼地：基层公共图书馆发展现状与问题分析 [①]

    本章主要利用国家统计数据对中部地区公共图书馆事业的整体情况进行分析。这些数据主要呈现了县级以上公共图书馆而非基层公共图书馆的发展面貌，这种呈现对于本书的研究而言是必要的。当前中国基层公共图书馆的主要发展思路是"总分馆制"，核心要旨即以县级乃至市级图书馆带动基层公共图书馆事业发展。本章的分析却表明：由于中部地区公共图书馆资源和能力的整体偏弱，县级以上公共图书馆本身的运作和服务已经存在巨大困难，它们未能为基层公共图书馆事业的发展提供动力和支持。在这样的背景下，中部各省份很难实现内生的成长和发展，需要国家对中部地区基层公共图书馆给予特殊的扶持。需要说明的是，下文的数据主要来源于国家统计局、《中国文化和旅游统计年鉴 2019》以及国家图书馆研究院提供的《2018 年中国公共图书馆事业发展基础数据概览》。本书在小数位的处理上尊重源数据：对于源数据中的多位小数，本书保留两位小数；对于源数据中没有保留小数的数据，本书同源数据保持一致，以确保数据的真实性。

---

① 本部分统计数据不含香港、澳门特别行政区及台湾省的数据。

3.1　中部地区公共图书馆整体数据 ①

下文主要呈现 2018 年中部地区公共图书馆事业的相关统计数据。总体而言，中部地区公共图书馆的省均数据排名多为十几名，位于全国中游，可一旦以人均数据进行考察，则基本排名在 20 名以后，处于下游。

（1）公共图书馆基本办馆条件（总量）

根据 2018 年的统计，在公共图书馆基本办馆条件的 9 项指标上，中部部分省份在多个指标中落后于全国平均值。在图书馆数量方面，河北省、山西省、黑龙江省、安徽省、江西省、河南省、湖北省、湖南省超过全国平均值，海南省和吉林省则明显低于全国平均值（见表 3-1），需加强馆舍建设。在分馆数量上，安徽省分馆较多，最为突出，海南省则只有 22 个分馆，与全国平均值相差甚远。在从业人员方面，除了河北省、河南省、湖北省、湖南省，其他省份均低于全国平均值，其中海南省落后得最为明显。在建筑面积上，河南省与湖北省的公共图书馆拥有 65 万平方米以上的建筑面积，吉林省、黑龙江省和海南省的公共图书馆的建筑面积较小。在总藏量方面，只有湖北省的公共图书馆超过全国平均值，其他省份公共图书馆的总藏量多为 2000 万册左右。在本年新购藏量方面，安徽省、河南省、湖北省领先，吉林省、黑龙江省和海南省不足 100 万册，投入不足。在财政拨款方面，除了河南省与湖北省略超全国平均值，其他省份均远低于全国平均值，中部省份对公共图书馆的财政拨款较少。在新增藏量购置费方面，仅湖北省高于全国平均值。在电子阅览室终端数方面，有 7 个省份高于全国平均值，在各项指标中表现较佳。

---

① 这部分数据来源为国家图书馆研究院提供的《2018 年中国公共图书馆事业发展基础数据概览》。

表3-1 2018年中部地区公共图书馆基本办馆条件（总量）

地区	图书馆数量/个	分馆数量/个	从业人员数量/人	建筑面积		总藏量		本年新增藏量/万册	财政拨款数额/万元	新增藏量购置费数额/万元	电子阅览室终端数/台
				数据/万平方米	全国排名	数据/万册	全国排名				
全国值	3176	25430	57602	1595.98	—	103716	—	6894	1754512	246475	146333
全国平均值	102.45	820.32	1858.13	51.48	—	3345.68	—	222.39	56597.16	7950.81	4720.42
河北省	173	424	1921	54.04	10	2717	15	182	37758	4754	5639
山西省	128	963	1652	52.00	11	1860	23	127	37935	3662	4816
吉林省	66	369	1556	28.80	25	2052	19	85	31933	3521	2980
黑龙江省	109	762	1659	33.60	21	2233	17	91	28322	2213	3929
安徽省	126	1235	1504	51.06	12	2910	12	289	37970	5410	5896
江西省	113	533	1408	41.43	17	2522	16	104	30253	3978	4952
河南省	160	740	2914	67.46	6	3169	11	261	61314	6600	7021
湖北省	115	687	2128	69.13	5	3910	8	359	59781	11151	4998
湖南省	140	670	2110	49.65	13	3305	10	209	46738	6426	4966
海南省	24	22	319	8.84	29	551	29	52	16011	1381	1061

注："全国值"一行的统计数据包含国家图书馆，下同。

（2）公共图书馆基本办馆条件（人均）

从人均值的角度来讲，中部公共图书馆的基本办馆条件更不容乐观（见表3-2）。2018年，在人均藏量、年人均新增藏量与人均购书费方面，中部10个省份基本都未排进全国前10名。在万人均建筑面积、万人均电子阅览室终端数与万人均拥有少儿阅览室座席数方面，排名最靠前的省份也仅为第8名，所有省份整体上处于全国的中下游水平，其中河北省与河南省的不少数值排名甚至垫底。由此可见，中部地区各省份的人均资源占有量较为稀少。

（3）公共图书馆主要服务指标

公共图书馆的主要服务指标是衡量公共图书馆服务成效的重要标准。根据2018年的统计数据（见表3-3），在公共图书馆的总流通人次中，安徽省与河南省的总流通人次较多，山西省、吉林省、黑龙江省、江西省、海南省的总流通人次不足2000万，有待提高，其余省份则差别不大。除了线下流通量，在线上的网站访问量方面，中部10省的数值均低于全国平均值。在人均年到馆数值上，海南省排名全国第10，为中部最高，其余地区则大多排名落后。在书刊文献外借数量上，中部有4个省份的数值超过了全国平均数，但在人均方面，则无一超过全国平均值，"中部洼地"现象明显。至于举办活动数量与活动参与人数，除了吉林省、黑龙江省、海南省排名较低，其他省份多在全国平均值附近，可见在资源不足的情况下，中部各省份的服务效能与其他区域相比并不逊色。

表3-2　2018年中部地区公共图书馆基本办馆条件（人均）

地区	人均藏量		年人均新增藏量		人均购书费		万人均建筑面积		万人均电子阅览室	万人均拥有图书馆员		万人均拥有少儿阅览室座席数	
	数据/册	全国排名	数据/册	全国排名	数据/元	全国排名	数据/平方米	全国排名	终端数/台	数据/人	全国排名	数据/个	全国排名
全国值	0.74	—	0.05	—	1.77	—	114.38	—	1.05	0.41	—	1.9	—
河北省	0.36	30	0.02	23	0.63	27	71.52	30	0.75	0.25	30	1.2	31
山西省	0.50	23	0.03	18	0.99	21	139.86	9	1.30	0.44	13	1.9	15
吉林省	0.76	11	0.03	19	1.30	14	106.50	19	1.10	0.58	9	1.58	27
黑龙江省	0.59	16	0.02	25	0.59	28	89.05	23	1.04	0.44	14	1.85	17
安徽省	0.46	27	0.05	14	0.86	24	80.74	26	0.93	0.24	31	1.83	19
江西省	0.54	22	0.02	27	0.86	23	89.14	22	1.07	0.30	26	2.42	8
河南省	0.33	31	0.03	22	0.57	29	70.23	31	0.73	0.30	25	1.49	28
湖北省	0.66	13	0.06	11	1.88	10	116.83	14	0.85	0.36	20	1.76	21
湖南省	0.48	25	0.03	20	0.93	22	71.96	29	0.72	0.31	24	1.85	16
海南省	0.59	18	0.06	12	1.48	11	94.59	20	1.14	0.34	21	2.11	11

表3-3　2018年中部地区公共图书馆主要服务指标

地区	总流通人次/万人次	网站访问量/万页次	人均年到馆		书刊文献外借数量/万册次	人均书刊文献外借数量		举办活动数量/场次	活动参与人次/万人次
			数据/次	全国排名		数据/册次	全国排名		
全国值	82032	204957.23	0.59	—	58010	0.42	—	179043	10647
全国平均值	2646.19	6611.52	—	—	1871.29	—	—	5775.58	343.45
河北省	2371	1098.81	0.31	24	1413	0.19	27	6251	355
山西省	1620	578.16	0.44	16	961	0.26	18	4246	391
吉林省	812	1060.78	0.30	26	757	0.28	17	1943	105
黑龙江省	1131	1672.77	0.30	27	929	0.25	20	3739	191
安徽省	3341	3286.50	0.53	11	2229	0.35	12	8485	445
江西省	1754	2749.82	0.38	19	1584	0.34	13	4298	304
河南省	3360	2758.51	0.35	22	2271	0.24	23	7740	285
湖北省	2577	2636.26	0.44	17	2210	0.37	11	4875	278
湖南省	2478	4318.63	0.36	20	2275	0.33	15	8235	519
海南省	578	1115.72	0.62	10	223	0.24	21	2304	45

（4）公共图书馆新增数量

从2017年到2018年，中部地区的公共图书馆在市级馆、县级馆与分馆中都有新增馆舍（见表3-4）。从市级馆来看，在全国新增的3所馆舍中，有2所分别位于山西省和河南省。在县级馆方面，中部地区的2个省份各减少1个馆舍，还有4个省份共增加了5个馆舍。至于分馆，除了减少了4个分馆的江西省，其他地区都有增加，其中山西省新增434个馆舍，是新增馆舍数量最多的省份。从馆舍总量来看，安徽省的馆舍数量最多，海南省则最少。

表 3-4 2017 年、2018 年中部地区公共图书馆数量一览

地区	市级馆			县级馆			分馆		
	2018 年数量 / 个	2017 年数量 / 个	新增数量 / 个	2018 年数量 / 个	2017 年数量 / 个	新增数量 / 个	2018 年数量 / 个	2017 年数量 / 个	新增数量 / 个
全国值	376	373	3	2760	2753	7	25430	19239	6191
全国平均值	12.13	12.03	0.10	89.03	88.81	0.23	820.32	620.61	199.71
河北省	12	12	0	160	160	0	424	253	171
山西省	10	9	1	117	118	−1	963	529	434
吉林省	10	10	0	55	55	0	369	268	101
黑龙江省	12	12	0	96	96	0	762	651	111
安徽省	21	21	0	104	102	2	1235	1185	50
江西省	11	11	0	101	101	0	533	537	−4
河南省	19	18	1	139	138	1	740	476	264
湖北省	16	16	0	98	99	−1	687	587	100
湖南省	17	17	0	121	120	1	670	507	163
海南省	4	4	0	19	18	1	22	16	6

（5）独立建制少年儿童图书馆基本办馆条件（总量）

中部地区在独立建制的少年儿童图书馆的基本办馆条件方面差距较大（见表 3-5）。各省中较为突出的是吉林省，其多个指标都远超全国平均值，建筑面积排名全国第一，总藏量排名全国第二，2018 年新增藏量、财政拨款、新增藏量购置费、电子阅览室终端数、阅览室座席数等数值都较高，反映出该省对少年儿童图书馆的投入巨大。除此以外，河北、山西、黑龙江、海南四省的基本办馆条件各指标数值不高，远低于全国平均值。需要指出的是，江西省因没有独立建制的少年儿童图书馆而无相关数据。

表3-5 2018年中部地区独立建制少年儿童图书馆基本办馆条件（总量）

地区	图书馆数量/个	分馆数量/个	从业人员数量/人	建筑面积		总藏量		本年新增藏量/万册	财政拨款数额/万元	新增藏量购置费数额/万元	电子阅览室终端数量/台	阅览室座席数量/个
				数据/万平方米	全国排名	数据/万册	全国排名					
全国值	123	1208	2531	49.12	—	4635.10	—	337.54	81832	10682	4555	38989
全国平均值	3.97	38.97	81.65	1.58	—	149.52	—	10.89	2639.74	344.58	146.94	1257.71
河北省	1	0	9	0.12	26	39.80	20	5.39	201	90	8	200
山西省	1	0	10	0.08	27	22.13	22	9.46	500	142	20	35
吉林省	5	15	318	7.32	1	615.51	2	27.66	9519	1411	521	4232
黑龙江省	1	5	10	0.05	28	4.94	28	0.27	119	5	25	90
安徽省	13	44	84	2.27	9	130.92	15	11.41	2165	339	442	2510
江西省 *	—	—	—	—	—	—	—	—	—	—	—	—
河南省	8	38	121	2.38	8	161.99	11	16.80	2527	395	207	2572
湖北省	4	14	63	1.05	16	136.16	13	10.94	2185	345	71	610
湖南省	8	67	148	2.82	7	220.57	6	19.20	3393	575	173	2158
海南省	1	0	5	0.20	24	8.30	27	4.15	130	128	4	204

* 江西省无独立建制少年儿童图书馆。

（6）独立建制少年儿童图书馆主要服务指标

分析统计数据发现，2018 年中部地区独立建制少年儿童图书馆的主要服务指标数值高低参差不齐，省间差距大（见表 3-6）。在 5 个指标中，人口大省河南省的数值均为最高，位于第一梯队，超过全国平均值。吉林省与安徽省位于第二梯队，数值稍低于河南省。湖南省与湖北省则位于第三梯队。数值较低的是山西省、黑龙江省与海南省，这 3 个省份的少年儿童图书馆的服务水平有待大力发展。

表 3-6　2018 年中部地区独立建制少年儿童图书馆主要服务指标

地区	总流通人次 / 万人次	网站访问量 / 万页次	书刊文献外借 数量 / 万册次	举办活动 数量 / 场次	活动参与人 数 / 万人次
全国值	3697.06	3862.41	3822.85	13970	498.82
全国平均值	119.26	124.59	123.32	451	16.09
河北省	76.13	0.00	26.96	211	9.00
山西省	8.31	0.00	8.31	5	1.10
吉林省	187.32	165.91	198.44	206	18.35
黑龙江省	0.79	0.00	0.97	38	1.48
安徽省	200.66	64.54	132.82	710	14.22
江西省	—	—	—	—	—
河南省	239.19	268.37	265.37	1605	66.10
湖北省	118.74	33.10	99.45	272	4.77
湖南省	175.51	33.14	137.80	308	10.97
海南省	22.00	0.11	4.02	35	0.14

3.2 中部六省公共图书馆数据深入分析 [①]

上文对中部十省公共图书馆的整体数据进行了说明，在这些省份中，山西、安徽、江西、河南、湖北和湖南六省又是国家实施"中部崛起"战略的重点省份，因此，下文将对这六省的相关数据进行梳理，列出其全国排名，以便更为清晰地认识中部六省的发展情况。

3.2.1 中部六省公共图书馆重点数据

（1）常住人口

经统计，截至 2018 年底，31 个省区市常住人口总数约为 139653 万人，各个省份的常住人口平均数达到了 4500 万人左右。但是在中部，各省份的常住人口相差较大，并不能用平均水平来说明。由表 3-7 可看出，河南省作为人口大省，其常住人口在中部六省中遥遥领先，2015—2018 年河南省年平均常住人口稳定在 9500 万人左右，在全国排在第 3 位。紧随其后的是湖南省，统计显示其年平均常住人口保持在 6800 万人左右，在全国所有省份中排在第 7 位。安徽省的年平均常住人口稳定在 6200 万人左右，在全国范围内排第 8 位。湖北省的年平均常住人口仅次于安徽省，约为 5900 万人，在全国各省份中排第 9 位。这 4 个省份的年平均常住人口在全国范围排名较靠前。江西省的常住人口则稳定在 4600 万人左右，在全国各省份中排在第 13 位。山西省

---

① 这部分数据来源：国家统计局.分省年度数据[EB/OL].［2020-05-01］. https://data.stats.gov.cn/easyquery.htm?cn=E0103；中国文化和旅游统计年鉴2019[EB/OL].［2020-05-01］. https://data.cnki.net/trade/Yearbook/Single/N2020050235?zcode=Z019.

的年平均常住人口是中部六省中数量最少的，稳定在 3700 万人左右，其在全国范围内的排名也偏中后，排到了第 18 位。2015—2018 年，中部六省的年平均常住人口大致为 6100 万人，平均排名为第 10 名左右。总体来看，中部六省的年平均常住人口总数排名在全国范围内是比较靠前的，各省的人口总数在这五年也呈现出稳步增长的趋势。

表 3-7　中部六省 2015—2018 年平均常住人口数量及排名表

省份	年平均常住人口 / 万人	全国排名
河南省	9544	3
湖南省	6841	7
安徽省	6230	8
湖北省	5889	9
江西省	4607	13
山西省	3692	18

（2）生产总值

据统计，2018 年全国地区生产总值达到了 914117 亿元，各省份平均为 29488 亿元。从 2015—2018 年的数据中不难发现，中部各省的年平均地区生产总值呈现出较大差异（见表 3-8）。在中部六省中，河南省这四年的年平均地区生产总值最高，近 43000 亿元，排在全国第 5 位，处于较为领先的水平。紧随其后的是湖北省的 35000 亿元左右以及湖南省的 32600 亿元左右，它们分列全国第 7 位和第 9 位。安徽省以将近 27000 亿元的这四年平均地区生产总值排在全国各省中的第 13 位，处于中等水平。江西省和山西省分别以约 20000 亿元和约 14000 亿元分列全国第 17 位和第 23 位，处于中下水平。2015—2018 年，中部六省的年平均地区生产总值约为 29000 亿元，平均排名为第 12 位。

表 3-8　中部六省 2015—2018 年平均地区生产总值数量及排名表

省份	年平均地区生产总值 / 亿元	全国排名
河南省	42990.67	5
湖北省	34928.90	7
湖南省	32671.56	9
安徽省	26860.54	13
江西省	19486.40	17
山西省	14325.86	23

（3）财政拨款

据统计，2018 年全国各地基层公共图书馆财政拨款达到 1667986 万元，平均各省份为 53806 万元。在 2015—2018 年的平均财政拨款指标上，中部六省呈现较大的差异（见表 3-9）。在中部六省中，这四年湖北省的年平均财政拨款数额最多，达到 56000 多万元，列全国第 8 位，处于较为领先的水平。排在湖北省之后的湖南省和河南省的年平均财政拨款数额都超过 40000 万元，分列全国第 13 位和第 14 位，在全国范围内处于中等水平。紧随其后的山西省和安徽省都超过了 30000 万元，列全国第 18 位和第 20 位，中部六省排名最后的江西省以 27301 万元排名全国第 24 位。这三个省份都处于中等偏下的位置。虽然这四年中部六省的年平均财政拨款总额达到 38198 万元，平均排名为第 16 名，但是六省之间的差异还是存在并且是较为明显的。

表 3-9　中部六省 2015—2018 年平均财政拨款数额及排名表

省份	年平均财政拨款数额 / 万元	全国排名
湖北省	56391	8
湖南省	40697	13
河南省	40257	14
山西省	33581	18

续表

省份	年平均财政拨款数额 / 万元	全国排名
安徽省	30962	20
江西省	27301	24

（4）新增藏量购置费

据统计，2018 年全国各地基层公共图书馆的新增藏量购置费达到了 225373 万元，平均各省份为 7270 万元。在 2015—2018 年的新增藏量购置费和排名方面，中部各省也呈现出较大差异（见表 3-10）。在中部六省中，年平均新增藏量购置费最多的是湖北省，达到了 9779 万元，位列全国第 6 名，在全国处于较为领先的水平（见表 3-10）。仅次于湖北省的是湖南省，达到了 5174 万元，排到了全国第 13 位，相比于前几年有进步趋势。河南省和安徽省分别以 4954 万元和 4666 万元的年平均新增藏量购置费紧随其后，排名分别为第 14 名和第 15 名，在全国范围内处于中等水平。最后是山西省和江西省，分别为 3511 万元和 3502 万元，它们在全国各省份中的排名则处于中下水平，分别位列第 20 位和第 21 位。这四年中部各省的年平均新增藏量购置费达到了 5264 万元左右，平均排名为第 15 位。但是中部六省内部的差异还是比较大的，最前的可以排在第 6 位，最后的则排到第 21 位，体现了较大程度的资源分布不均现象。

表 3-10　中部六省 2015—2018 年平均新增藏量购置费及排名表

省份	年平均新增藏量购置费 / 万元	全国排名
湖北省	9779	6
湖南省	5174	13
河南省	4954	14
安徽省	4666	15

省份	年平均新增藏量购置费／万元	全国排名
山西省	3511	20
江西省	3502	21

（5）从业人员

据统计，2018 年基层公共图书馆从业人员数量达到了 56158 人，平均每个省份为 1812 人。统计 2015—2018 年平均从业人员数量后发现，中部六省中，从业人员数量最多的是河南省，以 2932 人的年平均从业人员数量排名全国第 4 位。紧随其后的湖北省和湖南省分别以 2186 人和 2111 人列全国第 8 位和第 10 位。这 3 个中部省份均排入全国前 10，处于较为领先的水平（见表 3-11）。山西省、安徽省和江西省分别以 1639 人、1533 人、1401 人分列全国第 16、19 和 22 位，处于全国中下水平。这四年中部六省的年平均从业人员数量为 1967 人，超过了全国平均值，平均排名为第 13 位。3 个中部省份从业人员数量排名处于全国领先水平，另外 3 个中部省份则处于中下水平，中部六省内部的差异较为明显。

表 3-11　中部六省 2015—2018 年平均从业人员数量及排名表

省份	年平均从业人员数量／人	全国排名
河南省	2932	4
湖北省	2186	8
湖南省	2111	10
山西省	1639	16
安徽省	1533	19
江西省	1401	22

（6）有效借书证数

据统计，2018 年全国有效借书证数量达到 6822 万个，平均每个省份为 220 万个。根据 2015—2018 年各省份的有效借书证数量，中部六省的年平均有效借书证数量差异较小，且在全国的平均排名全部处于中上水平。这四年中部六省的年平均有效借书证数量最多的是湖北省，达 178 万个，居全国第 7 位。湖南省和安徽省以 157 万个和 149 万个紧随其后，分列全国第 7 位和第 9 位。这 3 个省份都进入了全国前 10，处于较为领先的水平。河南省、江西省和山西省的年平均有效借书证数量分别为 135 万个、129 万个、110 万个，3 个省份分别位列全国第 13、14 和 16 位，处于全国中等水平。这四年中部六省的年平均有效借书证数量为 143 万个，平均排名为第 12 位（见表 3-12）。

表 3-12 中部六省 2015—2018 年平均有效借书证数量及排名表

省份	年平均有效借书证数量 / 万个	全国排名
湖北省	178	7
湖南省	157	9
安徽省	149	10
河南省	135	13
江西省	129	14
山西省	110	16

（7）总流通人次

据统计，2018 年全国基层公共图书馆总流通人次达到 81486 万人次，全国各省份平均流通人次达到 2629 万人次。根据 2015—2018 年各省份基层公共图书馆总流通人次的数据，中部六省的总流通人次和排名之间存在一定的差异（见表 3-13）。这四年中部六省的年平均总流通人次最多的是河南省，为 2771 万人次，排在全国第 7 位。仅次于河南省的是湖北省，为 2251 万人次，位列全国第 10 名。这两个省份均位列前 10，处于较为领先的水平。紧随其后的安徽省和湖南省分别为 2363 万人次和 2057 万人次，分列全国第 11 位和第 13 位，处于全国中等水平。最后是江西省和山西省，分别为 1527 万人次和 1155 万人次，分列全国第 16 位和第 20 位，较落后于全国平均水平。这四年中部六省的年平均总流通人次达 2021 万人次，平均排名为全国第 13 名。

表 3-13　中部六省 2015—2018 年平均总流通人次及排名表

省份	年平均总流通人次 / 万人次	全国排名
河南省	2771	7
湖北省	2251	10
安徽省	2363	11
湖南省	2057	13
江西省	1527	16
山西省	1155	20

（8）组织讲座次数

据统计，2018 年全国基层公共图书馆共组织讲座 78768 次，平均每个省份组织讲座 2541 次。根据 2015—2018 年中部六省的年平均组织讲座次数和排名，组织讲座次数最多的省份是湖南省，达到了 3698 次，高居全国第 6 位（见表 3-14）。同样超过 3000 次的还有河南省，以 3614 次的组织讲座次数位列全国第 7 位。紧随其后的安徽省、湖北省和山西省都超过了 2000 次，分别为 2483 次、2409 次和 2070 次，它们在全国范围内的排名分别为第 12、13 和 15 位，不相上下。江西省的年平均组织讲座次数只有 1642 次，排全国第 19 位，处于较为落后的位置。这四年中部六省年平均组织讲座次数为 2653 次，平均排名位次为第 12 位，但是中部六省各省之间差异较大，年平均组织讲座次数最多的湖南省和最少次数的江西省之间相差了 2000 多次。

表 3-14　中部六省 2015—2018 年平均组织讲座次数及排名表

省份	年平均组织讲座次数 / 次	全国排名
湖南省	3698	6
河南省	3614	7
安徽省	2483	12
湖北省	2409	13
山西省	2070	15
江西省	1642	19

（9）举办展览场数

据统计，2018 年全国范围内基层公共图书馆共举办展览 33370 场，平均每个省份举办展览 1076 场。根据中部六省 2015—2018 年平均举办展览情况，河南省和江西省举办展览场数最多，分别为 1280 场和 1256 场，分列全国第 5 名和第 6 名（见表 3-15）。紧随其后的安徽省也超过了 1000 场，以 1072 场的展览场数位列全国第 12 位。湖北省和湖南省以 890 场和 805 场的展览场数分列全国第 13 位和第 16 位。山西省举办展览场数最少，年平均举办展览场数只有 556 场，在全国范围内也处于较为落后的水平，排在第 20 位。经计算，这四年中部六省年平均举办展览数量为 977 场，平均排名为第 12 名。

表 3-15　中部六省 2015—2018 年平均举办展览场数及排名表

省份	年平均举办展览场数 / 场	全国排名
河南省	1280	5
江西省	1256	6
安徽省	1072	12
湖北省	890	13
湖南省	805	16
山西省	556	20

（10）举办培训班数

据统计，2018 年全年基层公共图书馆共举办培训班 64627 个，平均每个省份举办培训班 2085 个。根据 2015—2018 年各省份年平均举办培训班数量和排名情况，中部六省年平均举办培训班数量最多的省份是湖南省，达到了 2123 个，高居全国第 7 位，湖南省也是中部六省中唯一一个举办培训班数量超过 2000 个的省份（见表 3-16）。仅次于湖南省的是河南省，以 1833 个的举办培训班数量位列全国第 9 名。紧随其后的安徽省、湖北省都超过了 1000 个，分别为 1446 个和 1351 个，分列全国第 15 位和第 16 位。中部六省举办培训班数量较少的是江西省和山西省，它们分别以 917 个和 766 个的数量排在全国第 19 位和第 22 位，处于较为落后的位置。这四年中部六省年平均举办培训班数量为 1406 个，远低于全国平均水平，平均排名位次为第 15 位，但是中部六省各省之间差异较大。

表 3-16　中部六省 2015—2018 年平均举办培训班数及排名表

省份	年平均举办培训班数 / 个	全国排名
湖南省	2123	7
河南省	1833	9
安徽省	1446	15
湖北省	1351	16
江西省	917	19
山西省	766	22

（11）公共图书馆总藏量

据统计，2018 年全国公共图书馆总藏量为 99815 万册，平均各个省份公共图书馆藏量 3219.80 万册。根据 2015—2018 年各省份年平均公共图书馆总藏量的统计，中部六省在这一指标上呈现较大差异。湖北省是中部六省中唯一一个四年平均公共图书馆总藏量超过全国平均值的省份，以 3456.87 万册居全国第 8 位（见表 3-17）。湖南省和河南省分别以 2935.97 万册和 2790.22 万册分居全国第 10 位和第 12 位，安徽省和江西省分别以 2387.91 万册和 2321.90 万册列全国第 15 位和第 16 位，这 4 个省份都处于全国中等水平。山西省是中部六省中唯一一个年平均公共图书馆总藏量低于 2000 万册的省份，只有 1721.68 万册，处于全国第 21 位。这四年中部六省年平均公共图书馆总藏量为 2602 万册，平均排名为第 14 名，但各省份年平均公共图书馆总藏量远低于全国平均水平，说明存在明显的地域分布不均问题。

表 3-17　中部六省 2015—2018 年平均公共图书馆总藏量及排名表

省份	年平均公共图书馆总藏量 / 万册	全国排名
湖北省	3456.87	8
湖南省	2935.97	10
河南省	2790.22	12
安徽省	2387.91	15
江西省	2321.90	16
山西省	1721.68	21

（12）人均拥有藏量

据统计，2018 年全国人均拥有藏量为 0.79 册。根据 2015—2018 年各省份基层公共图书馆年平均人均拥有藏量的统计，中部六省人均拥有藏量的地域差异较小，均处于全国中下水平。湖北省以 0.59 册的人均拥有藏量居于中部六省第一，全国第 14 位（见表 3-18）。江西省以 0.50 册的人均拥有藏量居于全国第 21 位。山西省和湖南省分别以 0.47 册和 0.43 册的人均拥有藏量位列全国第 23 位和第 26 位。安徽省和河南省则分别以 0.39 册和 0.29 册的人均拥有藏量位列全国第 28 位和第 31 位。这四年中部六省年平均人均拥有藏量为 0.45 册，排名为 24 名，远远落后于全国平均水平。

表 3-18 中部六省 2015—2018 年平均人均拥有藏量及排名表

省份	年平均人均拥有藏量 / 册	全国排名
湖北省	0.59	14
江西省	0.50	21
山西省	0.47	23
湖南省	0.43	26
安徽省	0.39	28
河南省	0.29	31

（13）每万人拥有图书馆建筑面积

据统计，2018 年全国平均各省每万人拥有公共图书馆建筑面积为 123.11 平方米。根据 2015—2018 年中部六省年平均每万人拥有公共图书馆建筑面积的数据，这一指标在不同省份之间存在较大差异（见表 3-19）。中部六省中，山西省的年平均每万人拥有公共图书馆建筑面积最大，达到 130.66 平方米，排在全国第 9 位。紧随其后的是湖北省，以 113.36 平方米的数据排在全国第 14 位。这两个省份在全国范围内处于较前和中游水平。剩下的 4 个省份，即江西省、安徽省、湖南省、河南省分别以 84.16、73.50、66.25、64.09 平方米数据分列全国第 22、26、29 和 31 位，处于落后水平。这四年中部六省年平均每万人拥有公共图书馆建筑面积为 88.67 平方米，低于全国平均水平，平均排名为第 22 名。

表 3-19 中部六省 2015—2018 年平均每万人拥有公共图书馆建筑面积及排名表

省份	年平均每万人拥有公共图书馆建筑面积 / 平方米	全国排名
山西省	130.66	9
湖北省	113.36	14
江西省	84.16	22
安徽省	73.50	26

续表

省份	年平均每万人拥有公共图书馆建筑面积 / 平方米	全国排名
湖南省	66.25	29
河南省	64.09	31

（14）人均购书费

据统计，2018 年全国范围内人均购书费为 1.84 元。根据各省份 2015—2018 年的年平均人均购书费统计数据，这四年中部六省年平均人均购书费全部低于全国平均水平。由表 3-20 可见，中部六省中人均购书费最高的是湖北省，为 1.66 元，排在全国第 10 名。其余省份的人均购书费全部低于 1 元，山西省以 0.95 元的人均购书费排在全国第 20 位。紧随其后的江西省、湖南省、安徽省分别以 0.76 元、0.76 元、0.75 元的人均购书费排在全国第 23、24、25 位。中部六省中人均购书费最低的河南省仅有 0.52 元，排在全国第 30 位。这四年中部六省年平均人均购书费为 0.90 元，远低于全国平均水平，平均排名为第 22 名，排名较为落后。

表 3-20　中部六省 2015—2018 年平均人均购书费及排名表

省份	年平均人均购书费 / 元	全国排名
湖北省	1.66	10
山西省	0.95	20
江西省	0.76	23
湖南省	0.76	24
安徽省	0.75	25
河南省	0.52	30

3.2.2 中部六省公共图书馆重点数据反映出的问题

本部分借助国家统计局和《中国文化文物统计年鉴》的数据，汇总中部六省公共图书馆 2015 年至 2018 年的重点数据，并通过对比分析，揭示中部六省公共图书馆在发展过程中存在的一般性问题。

（1）供给需求不匹配

常住人口基数及地区生产总值会影响图书馆的总需求和需求强度[①]。2015—2018 年，在全国 31 个省区市常住人口数量排名中，山西省位居第 18 位，安徽省位居第 8 位，江西省位居第 13 位，河南省位居第 3 位，湖北省位居第 9 位，湖南省位居第 7 位（见表 3-21）。中部六省的常住人口排名都比较靠前，行政区域内人口数量较多，对公共图书馆资源与服务的需求量也较大。2018 年数据显示，中部六省人口占全国总量的 27%，地区生产总值占全国总量的 22%，但财政拨款数额、总藏量、从业人员数量分别占全国总量的 15%、17%、20%，均未达到与服务人口和服务需求相匹配的水平。当前，中部六省公共图书馆服务供给侧和需求侧之间有巨大的差距，中部六省人民的需求得不到有效的满足。基层公共图书馆分布广泛、贴近民众，能够快捷地满足服务半径内群众的需求，因此发展基层公共图书馆对于中部六省来说非常重要。

---

① 傅才武,岳楠.公共文化服务体系建设中财政增量投入的约束条件——以县级公共图书馆为中心的考察[J].中国图书馆学报,2018（4）:19-39.

表 3-21 中部六省常住人口数量和地区生产总值

省份	年份	常住人口		地区生产总值	
		数据 / 万人	全国排名	数据 / 亿元	全国排名
山西省	2015	3664	18	12766.49	24
	2016	3682	18	13050.41	24
	2017	3702	18	15528.42	23
	2018	3718	18	15958.13	21
安徽省	2015	6144	8	22005.63	14
	2016	6196	8	24407.62	13
	2017	6255	8	27018.00	13
	2018	6324	8	34010.91	11
江西省	2015	4566	13	16723.78	18
	2016	4592	13	18499.00	16
	2017	4622	13	20006.31	16
	2018	4648	13	22716.51	16
河南省	2015	9480	3	37002.16	5
	2016	9532	3	40471.79	5
	2017	9559	3	44552.83	5
	2018	9605	3	49935.90	5
湖北省	2015	5852	9	29550.19	8
	2016	5885	9	32665.38	7
	2017	5902	9	35478.09	7
	2018	5917	9	42021.95	7
湖南省	2015	6783	7	28902.21	9
	2016	6822	7	31551.37	9
	2017	6860	7	33902.96	9
	2018	6899	7	36329.68	9

（2）财政经费投入不足

财政拨款总量和新增藏量购置费这两个指标均能反映出政府对公共图书馆的经费投入状况。相比地区生产总值排名，中部六省对公共图书馆的经费投入排名则较为靠后，这说明中部六省公共图书馆的财政支持力度和经费保障能力仍有待提升。

中部六省公共图书馆的财政拨款总量和新增藏量购置费在 2015—2018 年确实实现了大幅增长，在全国的排名也出现了上升，但是与省经济总量相比，部分省份的经费投入还是稍显不足的。以 2018 年数据为例，安徽省地区生产总值排在全国第 11 位，财政拨款总量和新增藏量购置费均排第 15 位；江西省地区生产总值排在全国第 16 位，财政拨款总量排第 23 位，新增藏量购置费排第 19 位；河南省地区生产总值排第 5 位，财政拨款总量则排第 12 位，新增藏量购置费排第 14 位；湖南省地区生产总值排第 9 位，财政拨款总量排第 13 位，新增藏量购置费排第 11 位。这些省份的地区生产总值的排名和财政经费投入指标的排名显然不匹配，财政经费投入水平远远落后于经济发展水平（见表 3-21、表 3-22）。

财政拨款总量会影响图书馆的藏量和运行保障水平，新增藏量购置费则直接影响公共图书馆资源更新情况。缺乏必要的建设资金投入是公共图书馆"中部洼地"现象的重要成因[①]。

---

① 彭雷霆,刘子琰.我国公共图书馆服务区域均等化实证研究——基于泰尔指数的分析[J].图书馆,2019(5):47-56.

表 3-22 中部六省财政拨款总额和新增藏量购置费

省份	年份	财政拨款总额		新增藏量购置费	
		数据/万元	全国排名	数据/万元	全国排名
山西省	2015	22710	25	2466	23
	2016	35281	14	4811	13
	2017	38397	16	3103	23
	2018	37935	16	3662	21
安徽省	2015	24786	21	4634	13
	2016	28176	23	4818	12
	2017	32914	21	3802	19
	2018	37970	15	5410	15
江西省	2015	24660	22	2624	22
	2016	26095	26	3239	23
	2017	28194	26	4168	16
	2018	30253	23	3978	19
河南省	2015	33275	13	4166	14
	2016	34813	15	4342	16
	2017	41625	15	5808	12
	2018	51314	12	5500	14
湖北省	2015	47629	9	8752	5
	2016	50865	9	8634	7
	2017	67289	5	10579	7
	2018	59781	8	11151	5
湖南省	2015	29914	15	3933	16
	2016	39260	10	4956	11
	2017	46874	12	5380	14
	2018	46738	13	6426	11

（3）从业人员相对较少

从业人员的数量是机构效率的决定性因素。对于公共图书馆而言，数量较少的从业人员将难以满足服务区域内众多人口的需求。数据显示，相比常住人口排名，中部六省公共图书馆的从业人数排名相对靠后，尤以安徽、江西等省为甚。2018 年数据表明：安徽省常住人口排第 8 名，从业人数则排第 20 名；江西省常住人口排第 13 名，从业人数则排第 22 名。此外，2015 年至 2018 年，山西省从业人数增加 98 人，安徽省减少 6 人，江西省增加 13 人，河南省减少 35 人，湖北省减少 84 人，湖南省增加 18 人。中部六省公共图书馆从业人数相对较少，而且并没有随着经费投入和服务活动的增加而增加，从业人员的工作压力在变大（见表 3-21、表 3-23）。

表 3-23　中部六省公共图书馆从业人员

省份	年份	从业人员	
		数据 / 人	全国排名
山西省	2015	1554	17
	2016	1676	15
	2017	1673	16
	2018	1652	17
安徽省	2015	1510	18
	2016	1559	19
	2017	1558	19
	2018	1504	20
江西省	2015	1395	21
	2016	1379	22
	2017	1420	22
	2018	1408	22

续表

省份	年份	从业人员	
		数据 / 人	全国排名
河南省	2015	2949	4
	2016	2955	4
	2017	2911	4
	2018	2914	4
湖北省	2015	2212	8
	2016	2198	8
	2017	2204	8
	2018	2128	8
湖南省	2015	2092	11
	2016	2094	10
	2017	2149	9
	2018	2110	10

（4）人均资源占有量低

组织讲座次数、举办展览数、举办培训班个数、公共图书馆总藏量等指标能够反映图书馆提供的服务与资源总量，而人均拥有藏量、每万人拥有公共图书馆建筑面积、人均购书费等指标则能反映人均拥有图书馆资源的情况。由于中部六省人口众多、经济体量巨大，其公共图书馆提供的服务与资源总量并不低。2018 年，全国公共图书馆平均组织讲座 2557 次，举办展览 1077场，举办培训班 2141 个。安徽、湖南两个省份的图书馆举办的活动场次高于全国平均水平。中部六省的馆藏总量增长也较为迅速，2018 年中部六省馆藏总量的全国排名大多处于中等水平，其中山西省排第 23 名，安徽省排第 12名，江西省排第 16 名，河南省排第 11 名，湖北省排第 8 名，湖南省排第 10名。然而，由于中部六省人口众多，故其人均占有量较低。以河南省为典型，河南省的总藏量排第 11 名，人均拥有藏量排第 31 名，每万人拥有公共图书馆建筑面积排第 31 名，人均购书费排第 29 名。人均占有量指标能够反映出中部六省存在的一些突出的问题（见表 3-24、表 3-25）。

第一，中部六省公共图书馆文献保障能力有待提高。2018 年人均拥有藏量的全国平均水平是 0.79 册，而山西省人均拥有藏量为 0.50 册，安徽省为 0.46 册，江西省为 0.54 册，河南省为 0.33 册，湖北省为 0.66 册，湖南省为 0.48 册，均远低于全国平均水平。2018 年全国人均购书费为 1.77 元，山西省为 0.99 元，安徽省为 0.86 元，江西省为 0.86 元，河南省为 0.57 元，湖北省为 1.89 元，湖南省为 0.93 元（见表 3-25）。除湖北省外，中部其余五省的人均购书费均远低于全国平均水平。可见，中部六省的人均文献藏量过少，人均文献增长的经济条件不足。

第二，中部六省公共图书馆基础设施建设力度亟待加强。中部六省每万人拥有公共图书馆建筑面积在近几年有所增加，但排名基本没有变化，仍处于靠后的位置。2018 年，安徽、江西、河南、湖南四省的每万人拥有图书馆建筑面积分别为 80.70 平方米、89.10 平方米、70.20 平方米、72.00 平方米，均远低于 2018 年全国平均水平的 114.40 平方米。

表 3-24　中部六省服务与资源总量指标（举办活动数、总藏量）

省份	年份	组织讲座次数		举办展览场数		举办培训班个数		公共图书馆总藏量	
		数据/次	全国排名	数据/场	全国排名	数据/个	全国排名	数据/万册	全国排名
山西省	2015	1714	16	470	20	499	23	1548.46	21
	2016	1982	14	468	21	658	22	1727.14	21
	2017	2120	15	593	20	816	21	1751.19	21
	2018	2463	13	693	19	1090	21	1859.92	23

续表

省份	年份	组织讲座次数		举办展览场数		举办培训班个数		公共图书馆总藏量	
		数据/次	全国排名	数据/场	全国排名	数据/个	全国排名	数据/万册	全国排名
安徽省	2015	2023	14	603	16	941	15	1942.36	17
	2016	2137	13	757	17	775	19	2162.48	16
	2017	2374	12	900	16	1008	20	2537.10	15
	2018	3396	8	2028	3	3061	5	2909.68	12
江西省	2015	1455	20	1030	5	879	16	2158.88	15
	2016	1586	19	1172	6	691	20	2177.81	15
	2017	1743	19	1361	6	1041	19	2428.77	16
	2018	1782	18	1459	7	1057	22	2522.12	16
河南省	2015	2640	9	997	6	1421	9	2472.30	12
	2016	3342	7	1209	5	1751	9	2645.81	12
	2017	4192	5	1444	5	2170	8	2874.06	11
	2018	4280	6	1470	6	1990	9	3168.70	11
湖北省	2015	2048	12	734	11	833	18	3002.53	8
	2016	2429	12	856	10	1589	10	3317.93	8
	2017	2605	11	992	13	1639	12	3596.76	8
	2018	2554	12	978	16	1343	18	3910.26	8
湖南省	2015	3049	5	553	18	1424	8	2555.25	11
	2016	3103	8	618	19	1970	7	2833.19	10
	2017	4233	4	942	14	2377	6	3050.16	10
	2018	4408	5	1106	11	2721	7	3305.29	10

表 3-25　中部六省人均指标（人均藏量、建筑面积、购书费）

省份	年份	人均拥有藏量		每万人拥有公共图书馆建筑面积		人均购书费	
		数据 / 册	全国排名	数据 / 平方米	全国排名	数据 / 元	全国排名
山西省	2015	0.42	23	114.33	10	0.67	21
	2016	0.47	22	129.90	8	1.31	13
	2017	0.47	23	138.50	8	0.84	23
	2018	0.50	23	139.90	9	0.99	21
安徽省	2015	0.32	29	64.99	26	0.76	20
	2016	0.35	28	71.70	26	0.78	22
	2017	0.41	28	76.60	25	0.61	28
	2018	0.46	27	80.70	26	0.86	24
江西省	2015	0.47	20	80.06	21	0.58	26
	2016	0.47	23	80.50	22	0.71	25
	2017	0.53	21	87.00	21	0.90	22
	2018	0.54	22	89.10	22	0.86	23
河南省	2015	0.26	31	57.87	31	0.44	30
	2016	0.28	31	64.10	29	0.46	31
	2017	0.30	31	64.20	31	0.61	29
	2018	0.33	31	70.20	31	0.57	29
湖北省	2015	0.51	16	91.92	17	1.50	11
	2016	0.56	14	118.90	11	1.47	10
	2017	0.61	13	125.80	13	1.79	9
	2018	0.66	13	116.80	14	1.89	10
湖南省	2015	0.38	27	61.08	29	0.58	25
	2016	0.42	27	63.10	31	0.73	23
	2017	0.44	26	68.80	29	0.78	25
	2018	0.48	25	72.00	29	0.93	22

（5）服务效能有待提高

有效借书证数、总流通人次这两个指标主要反映图书馆的服务效能。尽管中部六省的有效借书证数和总流通人次近年来呈现出稳步增长的趋势，但在全国 31 个省区市的排名中并不靠前。而且，相比于庞大的常住人口数量，中部六省这两个服务效能指标的数据值是过低的。以河南省为例，2018 年河南省常住人口高达 9605 万人，在全国排第 3 名，但有效借书证数仅有 182 万个，排第 11 名，总流通人次为 3360 万人次，排第 5 名。数据显示，图书馆设施设备的利用率虽然在不断提高，更多公众能够享受到图书馆的服务，但相对于巨大的人口基数，这些数据又是很低的，图书馆的服务效能仍有待提高（见表 3-21、表 3-26）。

表 3-26　中部六省图书馆服务效能指标（有效借书证数、总流通人次）

省份	年份	有效借书证数		总流通人次	
		数据 / 万个	全国排名	数据 / 万人次	全国排名
山西省	2015	74	17	830	21
	2016	109	13	981	21
	2017	121	17	1190	21
	2018	134	17	1620	18
安徽省	2015	97	11	1739	12
	2016	120	11	1994	12
	2017	179	9	2376	11
	2018	199	10	3341	7
江西省	2015	93	14	1258	16
	2016	105	15	1375	17
	2017	156	12	1722	15
	2018	163	15	1754	16

续表

省份	年份	有效借书证数		总流通人次	
		数据/万个	全国排名	数据/万人次	全国排名
河南省	2015	94	13	2233	7
	2016	118	12	2539	7
	2017	144	14	2951	7
	2018	182	11	3360	5
湖北省	2015	144	6	1955	11
	2016	167	7	2082	10
	2017	187	7	2388	10
	2018	212	8	2577	10
湖南省	2015	106	8	1617	13
	2016	146	8	1955	13
	2017	171	10	2177	14
	2018	203	9	2478	12

3.3 中部地区市、县级公共图书馆调查

《中华人民共和国公共图书馆法》第三十一条规定"县级人民政府应当因地制宜建立符合当地特点的以县级公共图书馆为总馆，乡镇（街道）综合文化站、村（社区）图书室等为分馆或者基层服务点的总分馆制，完善数字化、网络化服务体系和配送体系，实现通借通还，促进公共图书馆服务向城乡基层延伸。总馆应当加强对分馆和基层服务点的业务指导"。依据《中华人民共

和国公共图书馆法》，以县级图书馆为总馆的总分馆制是推动基层图书馆发展的主要抓手；而部分地区会进一步上移建设主体，以市级图书馆为中心建设总分馆体系或"图书馆之城"，为基层图书馆事业的发展提供更有力的支持。上文的数据已经显示，中部地区六省的县级以上的各层级图书馆本身都存在较大的发展压力，那么，在市级总分馆或县级总分馆的建设背景下，它们能否有效带动基层图书馆的发展呢？对此，本节进一步针对中部市级和县级地区的总分馆体系建设情况进行调查。

3.3.1　中部地区市、县级公共图书馆调查数据

本研究采用问卷调查的方式，从图书馆数据统计、总分馆建设、图书馆建设情况等方面设置问题，发放至中部地区基层公共图书馆。其中第二项，即"总分馆建设"是调查的重点。在问卷之外，本研究还针对相应区域开展了政策调查并梳理了新闻材料。

本节呈现了 4 个市级馆（及其分馆体系）、7 个县级馆（及其分馆体系）的基本情况。这些市、县级总分馆体系分布在中部不同省份，其总馆效能在同级别的机构中普遍处于中上游位置（但均非国家公共文化服务体系示范区的图书馆）。下文将以字母顺序命名图书馆，即"市级 A 馆"至"市级 D 馆"，以及"县级 A 馆"至"县级 G 馆"。

3.3.1.1　市级图书馆调查

本次针对市级公共图书馆的问卷调查共收集到 4 份有效问卷。问卷填报总体完整，但也存在总分馆与部分单馆数据缺失的情况，对此，若某项指标中有一半及以上的图书馆的数据缺失，便不再计算该项指标的平均值。总体而言，被调查的市级公共图书馆基本建立起了以自身为中心的总分馆体系，总分馆之间实现了统一编目、统一配送、通借通还、统一服务规则、统一标

志等服务。在保障条件方面，不同地区之间的公共图书馆财政拨款较为悬殊，而财政拨款将进一步影响图书资源与数字资源的购置费用。在服务效能方面，各馆仍有较大的提升空间。

（1）图书馆基本情况

①市级 A 馆：在以市级 A 馆为中心馆的基层公共图书馆总分馆体系中主要包含 11 个分馆，其中县级分馆数量达到了 6 个。

②市级 B 馆：在以市级 B 馆为中心馆的基层公共图书馆总分馆体系中，其主要分馆数量达到了 20 个，其中县级分馆 4 个、基层（街道、乡镇、村）分馆 14 个、其他类型分馆 2 个。

③市级 C 馆：尚未建立起以市级 C 馆为中心馆的总分馆体系。

④市级 D 馆：在以市级 D 馆为中心馆的基层公共图书馆总分馆体系中，共有 62 个主要分馆，其中共有 59 个基层（街道、乡镇、村）分馆、3 个其他类型分馆。

（2）图书馆保障条件

①图书馆单馆保障条件：表 3-27 为中部地区市级图书馆单馆保障条件的相关数据。可以发现，各馆年财政拨款总额平均数约为 1269 万元，其中 A、B 两馆的拨款总额达不到平均数，这说明不同馆的财政拨款存在一定差距。在年文献购置费方面，各馆平均数超过 90 万元。在年数字资源购置费方面，各馆平均数在 37 万元左右。同时可以看出，年财政拨款总额较多的 C 馆，文献与数字资源的购置费也更高。在建筑面积方面，各馆平均数为 1.44 万平方米。另外，受调查的图书馆的编制内员工数量平均有 48 人，编制外员工数量平均有 33 人。

表 3-27　中部地区被调查市级图书馆单馆保障条件数据表

指标	A 馆	B 馆	C 馆	D 馆
本馆（单馆）年财政拨款总额 / 万元	992	573	2244	—
本馆（单馆）年文献购置费 / 万元	70	70	130	105
本馆（单馆）年数字资源购置费 / 万元	6	15	90	—
本馆（单馆）实体文献馆藏量 / 万册（件）	108	100	115	101
本馆（单馆）建筑面积 / 万平方米	1.71	1.10	1.50	—
本馆（单馆）编制内员工数量 / 人	49	40	62（实有 50 人）	39
本馆（单馆）编制外员工数量 / 人	49	7	19	62

　　②图书馆总分馆保障条件：在中部地区市级图书馆的总分馆保障条件方面，最为突出的问题是数据缺失严重。在受调查的市级馆中，A 馆与 C 馆未能提供相应数据，D 馆仅提供总分馆建筑面积与编制外员工数量两项数据。严重的数据缺失使得我们难以掌握总分馆的保障情况，这种数据缺失问题从侧面反映出中部地区的市级馆在总分馆建设方面未形成规范的工作机制或未对此加以重视，值得反思（见表 3-28）。对于提供了数据的 B 馆，其分馆数量达到了 20 个，但总分馆的保障条件相较市级单馆的保障条件而言并未提升很多，说明近一半资源用于保障市级馆，而只有少量资源用以保障分馆，这些资源平均到 20 个分馆上更是寥寥。

表 3-28　中部地区被调查市级图书馆总分馆保障条件数据表

指标	A 馆	B 馆	C 馆	D 馆
总分馆年财政拨款总额 / 万元	—	609	—	—
总分馆年文献购置费 / 万元	—	83	—	—
总分馆年数字资源购置费 / 万元	—	21	—	—
总分馆实体文献馆藏量 / 万册（件）	—	130	—	—
总分馆建筑面积 / 万平方米	—	2.2	—	1860
总分馆编制内员工数量 / 人	—	52	—	—
总分馆编制外员工数量 / 人	—	12	—	62

（3）图书馆服务效能

①图书馆单馆服务效能：表 3-29 为中部地区市级图书馆单馆服务效能的相关数据。在读者到馆总人次中，各馆平均数接近 50 万人次，其中 D 馆接待能力相对较弱。各馆的年文献外借量平均数为 38 万余册次，有效注册用户数的平均值为 4 万多人。在举办读者活动场次方面，各馆平均数为 206 场，其中仅 B 馆低于 100 场。在年数字阅读量方面，B 馆是 A 馆的 2 倍，C 馆与 D 馆则数据缺失，可见部分图书馆在相关数据的统计方面有待加强。在网站访问量方面，各馆均值约为 14 万次，其中 C 馆访问量低于 10 万次。总体而言，尽管受调研的都属于条件较好的图书馆，但各馆的各方面数值差异仍然巨大，优势劣势各不相同。

表 3-29　中部地区被调查市级图书馆单馆服务效能数据表

指标	A 馆	B 馆	C 馆	D 馆
本馆（单馆）读者到馆总人次 / 人次	356769	600000	884575	140900
本馆（单馆）年文献外借量 / 册次	103514	550000	358539	538302
本馆（单馆）有效注册用户数 / 人	29206	80000	65672	84777

续表

指标	A 馆	B 馆	C 馆	D 馆
本馆（单馆）举办读者活动场次 / 场次	261	80	347	134
本馆（单馆）读者活动参与人次 / 人次	95860	50000	3000000	50000
本馆（单馆）年数字阅读量 / 篇（册）次	15000	36000	——	——
本馆（单馆）网站访问量 / 次	230000	150000	74778	100000

②图书馆总分馆服务效能：表 3-30 为中部地区市级图书馆总分馆服务效能的相关数据。B 馆与 D 馆的到馆总人次分别为 70 万与 3 万，年文献外借量分别为 60 万册次与 12 万册次，有效注册用户数约为 9 万人，举办读者活动数量分别为 120 场次与 30 场次，存在一定差距。B 馆的总分馆年数字阅读量约为 4 万篇（册）次，略高于总馆单馆数据，说明总分馆建设在推广数字阅读方面起到了一定作用。在网站访问量方面，A 馆与 B 馆分别约为 30 万次与16.5 万次。关于总分馆服务效能的其余大半数据均有缺失，这反映出中部地区市级图书馆在总分馆的服务效能方面缺乏规范管理或未建立起完善的工作机制。受调查的图书馆在中部地区尚属于条件较好的馆，这些图书馆仍然如此，其他图书馆的情况可能更加令人担忧。

表 3-30 中部地区被调查市级图书馆总分馆服务效能数据表

指标	A 馆	B 馆	C 馆	D 馆
总分馆读者到馆总人次 / 人次	——	700000	——	30000
总分馆年文献外借量 / 册次	——	600000	——	120000
总分馆有效注册用户数 / 人	——	92000	——	84777
总分馆举办读者活动场次 / 场次	——	120	——	30
总分馆读者活动参与人次 / 人次	——	63000	——	2200

指标	A 馆	B 馆	C 馆	D 馆
总分馆年数字阅读量 / 篇（册）次	—	39500	—	—
总分馆网站访问量 / 次	300000	165000	—	—

3.3.1.2 县级图书馆调查

课题组在对中部地区县级公共图书馆的调查中共收到了 7 份有效问卷，问卷填报整体情况良好，但同样存在部分数据尤其是总分馆数据缺失的问题。受调查的图书馆的总分馆体系大都实现了统一编目、统一配送、通借通还与统一服务。

（1）图书馆基本情况

①县级 A 馆：总分馆体系中包含的分馆有 138 个，其中街道分馆有 1 个，乡镇分馆有 9 个，乡（社区）分馆有 127 个，其他类型（如社会力量合建分馆）有 1 个。

②县级 B 馆：总分馆体系中包含的分馆有 21 个，其中街道分馆有 3 个，乡镇分馆有 3 个，乡（社区）分馆有 14 个，其他类型（如社会力量合建分馆）有 1 个。

③县级 C 馆：总分馆体系中包含的分馆有 10 个，其中街道分馆有 9 个，乡镇分馆有 1 个。

④县级 D 馆：总分馆体系中包含的分馆有 20 个，其中街道分馆有 1 个，乡镇分馆有 12 个，乡（社区）分馆有 2 个，其他类型（如社会力量合建分馆）有 5 个。关于该区域总分馆体系，该馆表示建设有总分馆数字资源平台（小程序），目前数字资源购买和分馆新书更新没有被完全纳入预算。

⑤县级 E 馆：总分馆体系中包含的分馆有 8 个，其中乡镇分馆有 8 个。

⑥县级 F 馆：总分馆体系中包含的分馆有 17 个，其中街道分馆有 16 个，

其他类型（如社会力量合建分馆）有 1 个。

⑦县级 G 馆：总分馆体系中包含的分馆数量有 12 个，其中街道分馆数量有 2 个，乡镇分馆有 4 个，乡（社区）分馆有 4 个，其他类型（如社会力量合建分馆）有 2 个。

（2）图书馆保障条件

①图书馆单馆保障条件：表 3-31 为中部地区部分县级图书馆单馆保障条件相关数据。在年财政拨款总额方面，各馆平均数约为 448 万元，其中 A 馆与 B 馆仅有 100 万元左右。在年文献购置费方面，各馆平均数为 34 万元。在年数字资源购置费方面，受调查的 5 个馆的平均数约为 10 万元。在实体文献馆藏量方面，各馆平均数为 21 万册（件）。各馆的建筑面积平均数为 0.29 万平方米。各馆平均有 9 个编制内员工，有 7 个编制外员工。

表 3-31　中部地区被调查县级图书馆单馆保障条件数据表

指标	A 馆	B 馆	C 馆	D 馆	E 馆	F 馆	G 馆
本馆（单馆）年财政拨款总额 / 万元	102	94	849	300	—	894	—
本馆（单馆）年文献购置费 / 万元	35	20	68	22	10	70	10
本馆（单馆）年数字资源购置费 / 万元	15	8	15	—	5	5	—
本馆（单馆）实体文献馆藏量 / 万册（件）	18	5	39	20	14	33	21
本馆（单馆）建筑面积 / 万平方米	0.16	0.08	0.48	0.30	0.36	0.17	0.48
本馆（单馆）编制内员工数量 / 人	4	3	11	12	6	21	4
本馆（单馆）编制外员工数量 / 人	6	5	17	1	2	16	4

②图书馆总分馆保障条件：表 3-32 为中部地区部分县级图书馆总分馆保障条件的相关数据。各馆的年财政拨款总额差距较大，高者接近 1000 万元，低者不足 100 万元，平均为 376 万元。A 馆的年文献购置费较低，约为 25 万元，F 馆的较高，为 72 万元。在年数字资源购置费方面，各馆平均为 24 万元。在实体文献馆藏量方面，各馆平均约有 30 万册（件），其中 B 馆最少，仅有 7 万册（件）。各馆的建筑面积均数为 0.50 万平方米，差距不大。在编制内和编制外员工数量方面，各馆的平均数分别为 35 人与 11 人。

表 3-32　中部地区被调查县级图书馆总分馆保障条件数据表

指标	A 馆	B 馆	C 馆	D 馆	E 馆	F 馆	G 馆
总分馆年财政拨款总额 / 万元	63	199	—	330	—	914	—
总分馆年文献购置费 / 万元	25	39	—	—	—	72	—
总分馆年数字资源购置费 / 万元	—	58	—	15	20	5	—
总分馆实体文献馆藏量 / 万册（件）	43	7	8	70	19	33	—
总分馆建筑面积 / 万平方米	0.51	0.16	0.67	0.25	0.77	0.35	0.78
总分馆编制内员工数量 / 人	132	3	—	40	14	21	2
总分馆编制外员工数量 / 人	5	26	—	1	—	22	2

（3）图书馆服务效能

①图书馆单馆服务效能：表 3-33 为中部地区被调查县级图书馆单馆服务效能的相关数据。从读者到馆总人次来看，7 个馆的平均数超过 21 万人次，E 馆仅有 1 万多人次。在年文献外借量方面，各馆平均数超过 17 万册次。在有效注册用户数方面，各馆平均数约为 1 万人。在举办读者活动场次方面，各馆平均数为 83 场次。在读者活动参与人次方面，各馆平均数超过 2 万人次。在年数字阅读量方面，各馆平均数为 5 万多篇（册）次，G 馆则只有 200 多篇（册）次，与其他馆差距显著。在网站访问量方面，各馆平均数为近 13 万次。

表 3-33 中部地区被调查县级图书馆单馆服务效能数据表

指标	A 馆	B 馆	C 馆	D 馆	E 馆	F 馆	G 馆
本馆（单馆）读者到馆总人次 / 人次	156362	250000	342592	420000	17156	195000	116098
本馆（单馆）年文献外借量 / 册次	187464	270000	197973	180000	38285	298093	50531
本馆（单馆）有效注册用户数 / 人	13626	—	16939	12000	2500	15691	5205
本馆（单馆）举办读者活动场次 / 场次	27	5	37	130	96	120	169
本馆（单馆）读者活动参与人次 / 人次	76323	450	7590	30000	16338	32000	7574
本馆（单馆）年数字阅读量 / 篇（册）次	21324	30000	22863	200000	13355	77493	223
本馆（单馆）网站访问量 / 次	8361	—	151279	400000	6523	81200	126083

②图书馆总分馆服务效能：表 3-34 为中部地区被调查县级图书馆总分馆服务效能的相关数据。总分馆读者到馆总人次平均数接近 20 万人次，年文献外借量平均数约为 17 万册次。各馆有效注册用户数平均数略超 1 万人，其中 E 馆仅有 485 人，远低于平均数。在举办读者活动场次方面，各馆平均数为 133 场次，同时读者活动参与人次的平均数接近 4 万人次。总分馆年数字阅读量平均数接近 8 万篇（册）次，网站访问量平均数接近 18 万次。

表 3-34 中部地区被调查县级图书馆总分馆服务效能数据表

指标	A 馆	B 馆	C 馆	D 馆	E 馆	F 馆	G 馆
总分馆读者到馆总人次 / 人次	245962	27000	342733	550000	4970	210000	7798
总分馆年文献外借量 / 册次	327194	27500	226518	220000	47451	315800	29414
总分馆有效注册用户数 / 人	13626	—	16939	15000	485	16320	6236
总分馆举办读者活动场次 / 场次	42	125	57	200	136	150	219

指标	A 馆	B 馆	C 馆	D 馆	E 馆	F 馆	G 馆
总分馆读者活动参与人次 / 人次	109485	3450	7990	50000	21938	43000	42955
总分馆年数字阅读量 / 篇（册）次	32637	30000	—	300000	16173	98300	223
总分馆网站访问量 / 次	8361	—	—	500000	—	81200	126083

3.3.2　中部地区市、县级公共图书馆调查反映的问题

上文对中部地区公共图书馆的整体情况及部分案例进行了调查及说明，对此综合分析，可发现基层公共图书馆的建设与发展存在诸多问题。本部分即对这些问题进行归纳总结，以寻找适合中部地区基层公共图书馆发展的道路。

（1）总分馆体系化建设落后

地方政府是基层公共图书馆建设和发展的责任主体，但存在忽视基层公共图书馆建设的情况，主要表现在重视不够与实施不力两方面。首先，中部地区的很多地方政府对基层公共图书馆重视不够、认知不足。一些领导一味地追求容易出政绩的经济方面的发展，却忽视了以图书馆为代表的文化方面的发展。另外，部分中部地区为了赶上发达地区发展的步伐，更是一味地追求经济效益，对图书馆的发展不做优先考虑，使图书馆的发展被冷落。其次，图书馆的建设与发展举措落实不力。中部地区多数基层公共图书馆与文化馆合建，名义上有图书馆，实际上只是在当地的文化馆内拥有一间阅览室或图书室，还存在开馆时间不规律、馆藏书刊不丰富、馆内设施老旧等问题[①]。在所调查的基层馆中，县级 A 馆指出"基层村一级服务点工作人员身份多为村

---

① 刘宝玲.河南省基层图书馆基本服务现状调查分析[J].新世纪图书馆,2012（7）:91-94,54.

干部兼职，无法保障书屋正常开放运行"，县级 B 馆指出该馆存在"场地面积不足，一室多用"的情况。究其原因，是政府对图书馆的建设存在一蹴而就、敷衍塞责的情况，这使得图书馆的建设流于形式、图书馆的发展没有活力，使得图书馆不能为民众带来实实在在的服务。

（2）经费保障存在严重短板

总分馆经费保障机制不健全是中部地区基层公共图书馆面临的一个重大问题。图书馆的建设与发展离不开经费的支持，没有充足经费支持的图书馆举步维艰。然而，现在中部的很多地区不能够为基层公共图书馆提供充足稳定的经费保障，主要体现在以下两个方面。

一是经费投入量不够。从国家层面来看，国家在继鼓励东部地区率先发展、西部大开发、东北老工业基地振兴战略之后，才出台了关于中部崛起的文件，政策出台时间相对较晚，且在政策关照方面，中部地区受到的支持、配套强度明显低于西部地区，这使得中部地区所获得的经费补助相对不足。从地方政府层面来看，中部地区的经济不够发达，国民生产总值不高，政府的财政收入有限，在这种情况下，中部地区还存在人口多、贫困地区多的特点，政府需要将大量财政收入投入基础设施建设、民生发展、扶贫攻坚等任务中，背负的财政压力较大，对公共图书馆的投入便因此减少。此外，在一些地区还出现了"央地分担"原则落空和"央进地退"的现象。例如，在中央财政专项补助地方公共文化服务经费之后，地方财政便取消了原本的基本保障投入，使得中央补贴成为公共图书馆等机构开展服务的唯一经费；也有的地方政府一直没有落实免费开放经费的地方配套资金，不能和中央一起承担公共文化服务保障经费，使公共图书馆等机构的投入经费短缺。调研发现，县级 A 馆因经费短缺而存在"人员编制偏少，年龄结构老化""图书专业、信息类专业人员缺乏""人员、经费不足，仅能维持馆内运转，无法大量举办延伸服务活动"等问题，县级 B 馆存在"图书馆馆藏不足"的突出问题，县级 F 馆反映本地区图书馆"无专项购书费、无专项活动经费"，县级 E 馆也特别强调"本地最突出的困难就是，总分馆严重缺乏专业技术人员，图书购置经费不足"。可见这些基层图书馆都因经费短缺而面临各种问题。

二是经费投入持续性不足。一些地方对基层公共图书馆的经费投入存在"一锤子买卖"现象，在某些特定的时机一次性投入大量经费，却不能在日常保持稳定的、持续的经费投入。相当多的图书馆在建馆时能够获得大量经费，但在开馆后难以获得更多财政拨款，影响了图书馆的日常运行与维护。另有一些图书馆经费数据看似比较可观，但其实主要在评估定级时经费骤增，购书量也在短时间内猛增，但评估过后经费减少，平日里难以获得更多拨款。这些现象都说明，政府对基层公共图书馆的经费投入不够合理，经费骤增骤减都难以使图书馆得到可持续性发展，如果经费投入持续稳定且隔期增长，将对图书馆的发展大有益处。

（3）区域与层级不平衡明显

中部地区基层公共图书馆的区域与层级发展不平衡，这包括省与省之间、同一省不同市之间、城乡之间以及不同层级的图书馆之间等。在省与省之间，2014 年河南省公共图书馆财政拨款占当年财政支出的比例为 0.045%，湖北省却占本省的 0.087%，体现出中部地区基层公共图书馆的财政拨款数额之间的较大差距。在同一省的不同市之间，既有经济水平较高的省会城市，也有相对贫困落后的小城市，彼此间图书馆的发展有较大差距。此外，既有属于发展水平较好的新一线城市的街道、乡镇图书馆，也有属于条件艰苦的贫困县的图书室，同样级别的基层馆却有着大相径庭的发展现状，而城乡之间基层公共图书馆的发展差距更是不言而喻。以中部某县级图书馆为例，截至 2015 年底，该县共有 134 万余人，其中常住人口 94 万余人，城镇人口 33 万余人，而馆中藏书共有 5 万册次，人均藏书量远低于其他地区。在馆藏面积上，该馆占地约 3000 平方米（不包含各分馆的占地面积），按照公共图书馆人均占地标准规定，服务人口在 100 万—150 万人需建设中型馆，千人占地面积为

13.5—13.3 平方米，由此可见该馆的占地面积远未达标[①]。这些不同方面都说明中部地区基层公共图书馆发展不协调、均等化水平低。

（4）基层内生活力严重不足

中部地区的基层公共图书馆内生活力不足，对外在力量的依赖性严重。当外在力量不足以支撑基层公共图书馆的发展时，图书馆便难以发展。总体来讲，社会力量在中部地区基层公共图书馆的发展中仍存在参与不足的问题。当企业、社会团体与个人想要参与基层公共图书馆的建设时，往往受公益性和专业性的限制而影响参与度。例如，合肥地区在运营城市阅读空间方面参与度较好的企业有合肥新华书店有限公司、安徽华博胜讯信息科技股份有限公司和安徽知本文化传播有限公司，目前在合肥建成的城市阅读空间中，有31 家由合肥新华书店有限公司中标，有11 家由安徽华博胜讯信息科技股份有限公司运营。较高的集中度使得企业运营压力大，并且易出现有实力的企业进行独家经营的垄断风险，此外，一些能够承接图书馆外包服务的企业成立时间短、发展不成熟，难以开展专业化服务，这也增大了有能力提供专业化服务的企业的垄断风险，如此一来，社会企业的竞争环境不良，影响了社会力量在公共图书馆领域的参与度[②]。在法律政策保障中，各地也未能给予社会力量有力的保障。2015 年以来，中共中央办公厅、国务院办公厅相继出台了《关于加快构建现代公共文化服务体系的意见》[③]、《国家基本公共文化服务指导标准（2015—2020 年）》[④] 等政策标准，随后中部各省也陆续出台《关于加快

---

① 于淇楠. 城镇化进程中基层公共图书馆建设研究[D].福州:福建师范大学,2017:34;河南省图书馆.公共图书馆建设标准［EB/OL］.［2020-08-05］. https://www.henanlib.com/webs/show/notice/633/1386.html.

② 何可. 社会力量参与合肥地区公共图书馆服务建设的调查与分析[D].合肥:安徽大学,2019:43.

③ 中办、国办印发《关于加快构建现代公共文化服务体系的意见》[EB/OL].[2020-08-09]. http://www.gov.cn/xinwen/2015-01/14/content_2804240.htm.

④ 《国家基本公共文化服务指导标准（2015—2020 年）》［EB/OL］.［2020-08-09］. http://www.gov.cn/xinwen/2015-01/14/content_2804250.htm.

构建现代公共文化服务体系的实施意见》等地方政府文件，部署推进"两办"意见。中部各省的实施意见，是在中共中央办公厅和国务院办公厅意见的基础上，结合地方特色制定而成的。这些地方意见提到鼓励与支持社会力量参与公共图书馆建设，但后续没有制定更详细的、有针对性的政策法规，无法在社会力量参与服务建设的实践中保障其法律权利，也无法规范社会力量的参与方式，这在一定程度上影响了社会力量的参与度，阻碍了基层公共图书馆内生活力的发挥；同时，还缺乏有效的针对社会力量的评估监督体系。目前，一些针对社会力量的评估体系指标僵化、标准单一，如评估看重开展活动的数量而不是质量，对志愿者活动评估仅仅以出勤率或服务时长为标准等，这些不完善的评估标准对社会力量没有起到很好的激励作用，反而影响其积极性，并可能导致其参与的不稳定性。以上种种，都反映出中部地区基层公共图书馆接受的社会力量的扶助较少，内生活力不足。

（5）社会可见度与认可度低

尽管在问卷调查中没有展开用户认知度方面的调查，但根据相关受访者的反映，中部地区普遍存在用户对基层公共图书馆认知度不高的情况，即很多用户要么不知道基层公共图书馆的存在，要么不了解图书馆的功能，或者不愿使用图书馆服务。从基层公共图书馆的角度来看，图书馆的服务效能不高、宣传不到位，导致用户对图书馆缺乏基本认知。中部地区多数基层公共图书馆缺乏经费和人员编制，既不能充分地加强馆内建设与丰富藏书量，也招不到高素质的专业人才开展先进的服务，因此服务效能低下。从用户的角度来看，中部地区农村区域广大，经济条件落后，教育水平一般，很多居民受教育程度低，人口素质相对较低，因此缺少使用图书馆的意愿和技能，平日里并不会对图书馆多加关注，也就难以提高对图书馆的认知度。据统计，88.46% 的县级图书馆利用传统的宣传栏方式进行宣传，71.54% 利用图书馆网站进行宣传，而通过宣传手册、推介活动、广播 / 电视 / 报纸等方式宣传的比例均不足 50%，反映出图书馆的宣传力度有待加强。此外，以开封市祥符区图书馆为例，该馆约一成读者为初中及以下学历，较低的文化水平制约着他们对图书馆的认知[①]。县级 D 馆也指出"基层读者基础差，人员外流严重，留守人员文化需求有差距"是当地图书馆面临的突出问题。总之，无论是什么原因造成了用户对图书馆的低认知度，这种情况都使得图书馆的存在感弱，进而再次影响图书馆的经费获取与服务效能。由此可见，目前亟须唤醒公众的图书馆意识，强化公众对图书馆的认知，使公众知晓图书馆、了解图书馆，进而使用图书馆。对此，图书馆可从公共文化政策入手，制定政策并加以宣扬，提高图书馆的"热度"，提高公众对图书馆的认知度与使用率。

---

① 李淑君. 县级公共图书馆服务创新研究[D].昆明:云南大学,2018:33.

4 路径选择：国内外基层公共图书馆的发展经验

本章主要关注国内外基层公共图书馆的建设和发展路径。首先以"发展动力"为视角，探讨中国基层公共图书馆建设的基本模式；其次，梳理中部地区公共文化服务示范区的发展情况，总结示范区的核心经验，为基层公共图书馆提供发展思路；最后，对照中国基层公共图书馆事业的诉求和需要，总结国外基层公共图书馆的发展经验。

4.1 我国基层公共图书馆的发展模式：发展动力的视角

根据我国政治、经济、文化、社会等各方面的特色与发展情况，基层公共图书馆的发展主要有三种动力，这三种动力的融合构建起中国基层公共图书馆的三种发展模式：

第一种动力是政府基本投入。这也是中国公共图书馆事业建设和发展的主要动力，而在中部，有许多地方的基层公共图书馆采用的是纯粹以政府基本投入为主导的发展模式。

第二种动力是社会力量参与。这是近年来逐渐兴起的一种发展力量，一般处于从属位置，却日益占据重要的地位，为基层公共图书馆的跨越式发展提供了潜在机遇。在部分基层公共图书馆发展较好的地方，多数体现为以政府力量为主导、社会力量充分参与的发展模式。

第三种动力比较特殊，是示范项目驱动。一般来讲，学界和业界并没有把这种动力和政府投入区分开来，因为示范项目本质是一种探索公共文化服务新形态、新模式的手段，同样由政府主导。但在实践中可以发现，获得示范区或示范项目的区域，其公共图书馆事业的发展体现出一定的特殊性，因此，本书专门考察了相应的建设情况。

4.1.1　政府基本投入为主导的模式

以政府基本投入为主导的模式是我国基层公共图书馆发展的主要模式。在这类模式下，基层公共图书馆的大部分或全部经费来自政府的财政支持。政府不仅在建馆时投入资金，还会在图书馆发展时持续投入资金维持图书馆的日常运行。依据这类模式，建设结果较好的基层公共图书馆多位于经济发达地区。例如《广州市公共图书馆条例》就规定："市、区人民政府应当将公共图书馆事业纳入国民经济和社会发展规划和年度计划、所需经费列入本级财政预算，使财政投入与经济社会发展和公共图书馆的服务人口、服务范围、服务需求、服务功能等相适应。"[①]以广州为代表的一些地区政府的经济情况较好，当地政府重视公共文化服务，并且有能力通过财政拨款推动基层公共图书馆等公共文化服务设施的建设。这是一种政府自上而下地支持基层公共图书馆发展的模式，该模式的特点是：政府能够长期且稳定地向基层公共图书馆拨款，基层公共图书馆也能够获得长期且稳定的发展。

广东的流动图书馆是一个很好的例子。2004 年开始，广东省政府每年拨

---

① 广州市人民代表大会常务委员会. 广州市公共图书馆条例[EB/OL]. [2020-08-07]. http://www.gzlib.org.cn/ztPolicies/13048.jhtml.

款 500 万元（2005 年起另增 100 万元作为运作经费），用于粤东西北等贫困地区的基层公共图书馆的发展。该项目由广东省立中山图书馆牵头，依托省馆丰富的文献信息资源，为基层分馆提供资金、文献信息资源等方面的支持。对此，省政府还要求县政府每年为县级公共图书馆单列专项购书经费 5 万元以上，并提供人员、场地、阅览设施等，以保障财政拨款的合理使用与图书馆的正向发展。2007 年，广东省政府在《广东省文化事业发展"十一五"规划》中明确指出，"文化事业经费投入在财政支出中的比例逐年增加"，力争到 2010 年实现文化事业费占财政总支出比重超过 1%，人均文化事业费达到25 元，人均公共图书馆购书费达到 1.5 元，并要"建成 100 个流动图书馆分馆"，欠发达地县级图书馆藏书要达到 15 万册以上。经过几年发展，流动图书馆取得了良好的社会效益，基层公共图书馆提高了服务效能，普通老百姓真正享受到了图书馆带来的便利。该模式以省政府与当地政府为主导，每年均对基层公共图书馆持续投入资金，使基层公共图书馆快速发展[1]。

除了流动图书馆，广东地区不少基层公共图书馆的发展均以政府投入为主导。为建设"图书馆之城"，东莞市政府下发《关于印发东莞地区图书馆总分馆制实施方案的通知》，并成立图书馆总分馆制工作指导委员会和管理委员会，为基层分馆建设提供专向启动资金；佛山的"联合图书馆"建立了区级公共图书馆网模式，图书馆的馆舍建设由镇、街道投资，图书馆的维持运作由区政府投资[2]。在以上的案例中，政府在基层公共图书馆的信息资源与馆舍的投资与建设、公共图书馆人才培训、保障性政策的制定、大型阅读系列活动的开展等方面占据主导地位，取得了显著的建设成效。

① 谭祥金.广东流动图书馆模式的探讨[J].图书馆论坛,2007(2):170-174;陈卫东.广东流动图书馆及其可持续发展研究[J].图书馆论坛,2008(5):99-102.
② 程焕文.岭南模式:崛起的广东公共图书馆事业[J].中国图书馆学报,2007(3):15-25.

4.1.2　政府主导、社会力量充分参与的模式

21 世纪以来，社会力量参与图书馆建设已经成为一种潮流，无论是在东部沿海地区，还是中西部内陆地区，都出现了不少社会力量援建图书馆的实践，相关的理论研究成果也逐渐增多，各种公共文化服务政策更是明确鼓励与支持该种做法。社会力量对基层公共图书馆提供的援助活动主要有：政府机关的全国性援助计划、企事业单位的针对性援助、非政府组织的项目性援助、公益性网站的项目性捐助、新闻媒体的援助性活动与个体公益性图书馆等①。

社会力量能够为基层公共图书馆提供资金、人员、技术、设备、书刊等方面援助，这些援助多数时候为辅助性的援助，即图书馆既得到政府的财政支持，也接受社会力量的帮助，但以财政支持为重。然而，近年来，随着社会力量援助图书馆模式的成熟，不少地区出现了图书馆完全或大部分依靠社会力量发展与运行的模式。在这种情况下，政府财政仅给予基层公共图书馆很少的支持，图书馆对社会力量的依赖性较强。

一些案例能够很好地说明以社会力量为支撑的图书馆发展模式。例如，广州市海珠区图书馆就引进社会力量合作建设社区分馆。该图书馆提供书刊资源和技术指导，先后与满天星、土华经济联合社、广东阅海轩公司等公益机构和经济实体合作，建立了兴仁书院分馆、土华村图书室等社区（乡村）图书馆以及晓港廉洁图书馆，建设完成后，公益机构和经济实体负责日常管理和服务。这些基层图书馆的前期建设与后期发展均未使用财政资金，完全依赖公益机构与企业的资金②。又如，苏州市的吴江区图书馆利用企业和个人

---

①　杨玉麟.关于"社会力量参与图书馆建设"若干问题的思考[J].图书与情报,2008（1）:8-11.

②　罗湘君.基层图书馆发展模式探讨——以广州市海珠区图书馆为例[J].晋图学刊,2015（2）:50-53.

的慈善资本合办了图书馆的总分馆。在该模式中，吴江区图书馆为总馆，由慈善企业与个人资本建立的图书馆慈善基金会为建立和发展分馆的资金来源。同时，总馆与慈善企业、个人签订协议，制定资本管理制度与监督机制，保障慈善资本的合理、高效利用。在运营方面，总馆提供数字资源、业务指导与技术保障，图书馆慈善基金会负责监督管理与运行开支，分馆负责日常管理与运行[①]。

从基层公共图书馆多年的实践来看，上述模式的优势在于能够吸纳社会资金，缓解政府财政压力，同时为图书馆提供经费支持，为图书馆注入新鲜的血液。此外，还能够有效利用社会的闲置空间等资源，提高资源配置效率，也扩大了社会机构、企业或个人的知名度与影响力，对政府、图书馆、社会力量三方均有益处。但该模式可能存在的问题也较为明显，主要是可持续发展、规范化发展与专业化发展的问题。一些企业或组织需要通过营利性收入来支撑公益性服务，若无持续稳定的收入，将会减少对图书馆的投入，因此社会力量的稳定性不足；还有一些社会力量缺乏规范的评估与监督机制，存在运行不透明等问题；有些社会力量的专业性不足，并不能够满足民众需求，亟待图书馆提供专业指导。总之，以社会力量为支撑的基层公共图书馆发展模式既存在持续发展的可能，也需要更为规范、专业的引导，才能更好地发挥其应有的效益。

4.1.3　示范项目驱动的发展模式

早在"十二五"期间，国家各相关部门就启动了战略性的"国家公共文化服务体系示范区"建设，随后多个省（区、市）也相继开展省级公共文化服务示范区项目。公共图书馆作为公共文化服务的重要机构，也得到了发展

---

① 张海江.基层图书馆发展新模式——利用企业、个人慈善资本建立图书分馆[J].图书馆学研究,2014（8）:28-30,35.

的契机。此后，凭借创建公共文化服务体系示范区带来的各种机遇，基层公共图书馆获得了快速发展，并出现了以示范项目为驱动的建设模式。

示范区的创建及示范项目的实行极大地推动了基层公共图书馆的发展。2017年《文化部　财政部关于开展第四批国家公共文化服务体系示范区（项目）创建工作的通知》中的多个方面涉及基层公共图书馆的建设，包括图书馆的设施网络建设、服务效能提高、数字农家书屋建设、社会化建设、体制机制建设等，还从经费、人员配置、人员培训等方面提供了合理保障[①]。由此可见，公共文化服务示范区与示范项目能够促使政府部门承担起基层公共图书馆的发展任务。事实上，各示范区政府也确实在该项目中充分作为，采取创新举措解决基层公共图书馆发展中凸显的问题。例如，佛山市以示范区创建为契机，出台《佛山市关于推进区级文化馆图书馆总分馆制建设的实施方案》，并在之后的一年中完成五个区的图书馆总分馆制建设，每个区都建立了多个总馆、分馆与各类型基层服务点，如读书驿站、农家书屋等，实现了进馆人次、文献借阅人次、人均占有公共图书馆藏书等业务数据与服务效能的显著提升[②]。总体而言，以示范项目为驱动的建设模式是国家与政府通过政策上的支持与保障，由上而下地推动基层公共图书馆发展的模式。在示范周期内，图书馆将备受重视并获得各类支持，发展集中且速度飞快。但是，在某些区域，示范周期过后，图书馆获得的关注与支持相对减少，发展速度会减慢甚至停滞，这就需要各方持续稳定地给予图书馆投入，以使其获得稳定发展。

当然，从更长远的角度来看，公共文化服务示范区沉淀和积累的经验对中国公共图书馆事业的长远发展必然是积极的，因此，下一节将进一步聚焦我国中部地区的公共文化服务示范区建设情况，对其发展案例进行梳理和总结。

---

① 文化部　财政部关于开展第四批国家公共文化服务体系示范区（项目）创建工作的通知[EB/OL].[2020-08-09]. http://zwgk.mct.gov.cn/auto255/201708/t20170821_692569.html?keywords=.

② 朱瑞芹,黄佩芳.示范区创建中公共图书馆的发展与创新——以佛山实践与探索为例[J].图书馆学研究,2019(10):33-37.

4.2 我国中部地区公共文化服务示范区的探索及其主要经验

正如前文所述，公共文化服务示范区项目能够给予基层公共图书馆集中的支持，快速推动基层公共图书馆的发展，且一般而言，基层公共图书馆在示范区项目建设期间能够积累先进的发展经验，因此，有必要对公共文化服务示范区的建设进行一定研究。由于中部六省的建设与发展较有代表性，课题组对前三批国家公共文化服务体系示范区中中部六省的示范区进行了全面梳理，基于国内生产总值（GDP）、常住人口、服务面积的异质性和排列组合（见表4-1），课题组选取了其中尤为典型的5个示范区（长沙市、赣州市、新余市、铜陵市、宜昌市）进行调研。

表 4-1　中部六省示范区汇总表

省份	示范区城市	批次	选择说明
湖南省	长沙市	第一批	经济好，人口较多，服务面积一般
	岳阳市	第二批	
	株洲市	第三批	
江西省	赣州市	第一批	经济一般，人口最多，服务面积大
	新余市	第二批	经济较差，人口一般，服务面积较小
	九江市	第三批	
安徽省	马鞍山市	第一批	
	安庆市	第二批	
	铜陵市	第三批	经济差，人口较少，服务面积较小

续表

省份	示范区城市	批次	选择说明
河南省	洛阳市	第二批	
	济源市	第三批	
山西省	长治市	第一批	
	朔州市	第二批	
	晋中市	第三批	
湖北省	黄石市	第一批	
	襄阳市	第二批	
	宜昌市	第三批	经济较好，人口一般，服务面积较大

针对这 5 个公共文化服务示范区的建设，各省均出台了相应政策加以支持。这些政策制定得相对具体，对实践的指导意义强。在政策指导与实践推进中，5 个城市均取得了明显成就，收获了不少经验。

就主要成就而言，长沙市构建了以长沙市图书馆为总中心馆，县级图书馆为中心馆，乡镇（街道）、社区（村）图书馆为分馆（服务点），24 小时街区自助图书馆、民办图书馆、图书流动车为补充的立体的图书馆网群，此外，还吸收了企业、学校图书馆（室）等其他信息机构加入，完善了总分馆体系，通过政府购买文化服务，激活了公共文化服务体制。赣州市构建了设施网络全覆盖、服务供给高效能、组织支持可持续、保障措施管长远的基本公共文化服务体系，并向基层拓展、延伸公共文化网络，还引入社会力量增强公共文化产品供给力度。新余市建立了数字文化的互联网模式，并将公共文化服务向农村延伸，提供了惠及全民的文化服务。铜陵市构建了城乡"十分钟文化圈"，打造多个亮点服务品牌，使文化惠民工程进一步延伸。宜昌市建设了 100 个特色文化社区和一批特色村镇和特色文化村居，又着力提升公共图书馆服务能力，并建设"文化 e 家"平台，在数字化背景下实现了公共服务"下沉"。

就核心经验而言，长沙市重在创新服务模式，提高均等化水平，提供惠及全民的公共文化服务。赣州市注重整合资源，打造特色资源服务平台，发挥地区特色优势。新余市能够发挥机制体制创新，增强区域联动，建设数字化创新平台。铜陵市则通过完善公共文化服务体系，实现服务的高效化、标准化、规范化、均等化、科技化与多元化。宜昌市则重在培养文化志愿服务力量，在总分馆模式下补齐农村短板，构建公共文化管理创新体系与搭建数字文化体系创新平台。

总而言之，被调查各馆都能够通过政策指引加强文化服务，还能够积极进行创新，推动公共文化服务体系的全面建设，使公共文化服务向农村等区域延伸，并推动资源的数字化和促进数字化平台的建设，使服务向便捷化、高效化发展，这些案例均具有一定程度的推广意义。

4.3　国外基层公共图书馆的发展经验

国内示范区的案例是在我国特定国情之下进行的探索，而在国外，基层公共图书馆的发展又当如何？对此，课题组有意识地寻找对照经验，对国外基层公共图书馆的建设案例进行了经验总结，以期为我国基层公共图书馆的进一步发展提供思考。

4.3.1　重视社会力量参与

近年来，我国对公共图书馆的财政拨款在总量上增长明显，但在全国总财政支出中的占比是下降的。这反映出公共图书馆经费的增长速度是落后于国家经济增长的。而且，我国对公共图书馆财政拨款的年增长率呈现出不规则的状态，政府对公共图书馆的财政拨款决策具有一定的随意性，这种财政拨款增长对公共图书馆自身的持续发展是不利的，容易使图书馆陷入运营困境[①]。此外，在财政拨款方面，我国长期重城市、轻农村，东中西部区域间财政投入不均衡的问题也很突出。东部地区由于经济基础好，公共文化投入较多，处于领先地位。西部地区虽然经济基础薄弱，但近年来中央财政通过转移支付等方式支持西部公共文化服务建设，因此西部财政投入优于中部地区。中部地区尽管经济基础比西部好，财政投入总量更多，但中部地区人口数量多，加之缺乏足够的资金支持，因此其投入难以满足公众的需求[②]。公共图书馆资源供给不足与分配不公的现状，为社会力量参与公共图书馆建设提供了重要的现实依据。

随着各种利好政策的出台，社会力量参与公共图书馆建设的制度保障也正在不断建立和强化。2016年，《中华人民共和国公共文化服务保障法》指出，"国家鼓励和支持公民、法人和其他组织参与公共文化服务"，"国家推动公共图书馆、博物馆、文化馆等公共文化设施管理单位根据其功能定位建立健全法人治理结构，吸收有关方面代表、专业人士和公众参与管理"，"国家鼓励和支持公民、法人和其他组织通过兴办实体、资助项目、赞助活动、提供设施、捐赠产品等方式，参与提供公共文化服务"，以及"国家鼓励社会资本依法投入公共文化服务，拓宽公共文化服务资金来源渠道"[③]。2017年，《国家"十三五"时期文化发展改革规划纲要》明确指出，"坚持政府主导、社会参与、重心下移、共建共享"，并"鼓励社会力量投资或捐助公共文化设施设备"[④]。2017年，《中华人民共和国公共图书馆法》要求"县级以上人民政府应当积极调动社会力量参与公共图书馆建设，并按照国家有关规定给予政策扶持"，并指出"国

---

① 颜艳臣. 我国公共图书馆财政拨款的区域差异性研究[D].天津：天津财经大学,2016：24-25.

② 储伊力,储节旺.基于公共图书馆视角的财政能力与服务效果均等化关系研究[J].图书馆理论与实践,2020（4）:19-23.

③ 中华人民共和国公共文化服务保障法[EB/OL].[2020-08-13]. http://www.npc.gov.cn/zgrdw/npc/xinwen/2016-12/25/content_2004880.htm.

④ 中共中央办公厅　国务院办公厅印发《国家"十三五"时期文化发展改革规划纲要》[EB/OL].[2020-08-13]. http://www.gov.cn/zhengce/2017-05/07/content_5191604.htm.

家推动公共图书馆建立健全法人治理结构，吸收有关方面代表、专业人士和社会公众参与管理"，"国家鼓励公民参与公共图书馆志愿服务"[①]。2019年，文化和旅游部办公厅印发的《公共数字文化工程融合创新发展实施方案》明确指出，公共数字文化工程建设的基本原则之一为"开放共享，社会参与。创新工程建设模式，拓宽社会力量参与渠道"[②]。因此，社会力量的广泛参与是现代公共图书馆，乃至公共文化服务体系建设的大趋势[③]。通过政府购买服务、兴办实体、资助项目、赞助活动、提供设施和产品、参与运营管理、参与监督和考核评估、参与文化志愿服务等多种方式[④]，社会力量可以有效地进入到公共图书馆的建设和发展中。通过有效引入社会力量，公共图书馆既可以在短时间内获得外部财力和物力的支持，又可以让自身融入社区，在延伸服务中获得创新能力[⑤]。

通过考察国外基层公共图书馆的发展建设情况，本书总结了其利用社会力量的有益经验。美国亚利桑那州比斯比的铜皇后图书馆（Copper Queen Library）于2018年启动了San Josa Annex项目，该项目所需场地由当地学区提供，资金由捐赠款组成，家具由当地一家非营利组织制作并安装。除了一位协调员，有30名社区志愿者负责图书馆的日常工作，当地的一些社会组织每周或每月都会开展活动。在预算和人员有限的情况下，该馆有效利用了社区的现有资源，调动受过教育的退休人员参与图书馆日常工作，并从社会组

---

① 中华人民共和国公共图书馆法[EB/OL].[2020-08-13]. http://www.npc.gov.cn/npc/c12435/201811/3885276ceafc4ed788695e8c45c55dcc.shtml.

② 文化和旅游部办公厅.公共数字文化工程融合创新发展实施方案[EB/OL].[2020-08-13]. http://www.scio.gov.cn/xwfbh/xwbfbh/wqfbh/39595/40355/xgzc40361/Document/1653910/1653910. htm.

③ 胡守勇.中部地区公共阅读服务均等化:问题与对策研究——以临湘市图书馆总分馆制改革为例[J].图书馆,2016(11):17.

④ 唐义,徐静.推动社会力量参与公共文化服务的政策法规体系研究[J].图书馆理论与实践,2020(2):13-18.

⑤ 王子舟.伟大的力量来自于哪里——解读社会力量办馆助馆[J].中国图书馆学报,2010(3):26-33.

织中获取财力、物力支持。因其有效利用社区优势，提供创新的图书馆服务，该馆于 2019 年获得 EBSCO 农村图书馆卓越服务奖，并被美国《图书馆杂志》（*Library Journal*）评为美国最佳小型图书馆[①]。

除了在日常事务和活动中发挥作用，社会力量也可以帮助公共图书馆度过危机。在面临洪水灾害时，美国明尼苏达州罗索地区图书馆之友快速招募和组织了志愿者，有效保护了馆藏，同时使图书馆工作正常开展，减轻了图书馆的压力，对社区正常秩序的恢复产生了积极影响。因为该组织面临灾害时沉着应对，其于 2003 年获得了美国图书馆协会（ALA）颁发的贝克与泰勒朋友团体奖（Baker & Tayor Awards for Friends Groups）[②]。在财政支持减少的情况下，美国密苏里州柯克伍德公共图书馆之友（The Friends of the Kirkwood Public Library）在一年内筹措了近六万美元来支持图书馆。此外它在主持社区活动、招募组织志愿者、促成社区合作等各方面均发挥了重要作用。该组织于 2005 年获得美国图书馆协会颁发的贝克与泰勒朋友团体奖[③]。

社会力量参与公共图书馆发展是大趋势，但参与方式有多种，需要做深入研究才能判断哪些模式更适合于我国的实际。即便是在我国国内，东部、中部和西部之间的差异仍很大，利用社会力量的方式必然是不同的，因此应大胆试点，稳步推进[④]。

① Thriving together : best small library in America 2019［EB/OL］.［2020−05−01］. https://www.libraryjournal.com/story/Thriving−Together−Best−Small−Library−in−America−2019.

② ALA. Roseau Area Friends of the Library［EB/OL］.［2020−05−01］. https://www.ala.org/awardsgrants/node/3892.

③ United for Libraries. 2005 Baker & Taylor Award Winners［EB/OL］.［2020−05−01］. https://www.ala.org/united/grants_awards/friends/bakertaylor/2005.

④ 吴建中.社会力量办公共文化是大趋势[J].图书馆论坛,2016(8):37−38,47.

4.3.2　高度强调社区导向

基层公共图书馆行政级别相对较低，主要面向大众提供一般普及性知识服务[①]。一般而言，基层公共图书馆分布广泛、服务群体和内容多样、服务半径大、区域性较强。国外的基层公共图书馆一般立足于社区需求，坚持以用户为中心，灵活开展多样性的活动。

美国得克萨斯州米尼奥拉纪念图书馆（Mineola Memorial Library）所在城镇的居民大部分人是退休人员，因此，该馆的活动多为休闲类活动，包括茶会、品酒会等。在使居民玩得开心的基础上，该馆致力于提高社区居民对图书馆的认识。为表彰其杰出工作，米尼奥拉纪念图书馆之友（Friends of the Mineola Memorial Library）于 2006 年获得美国图书馆协会颁发的贝克与泰勒朋友团体奖[②]。

肯尼亚 Knls Kibera 社区图书馆位于贫民窟内，周围有 25 所小学、4 所中学和 1 所大学，但教育资源落后，因此，该馆从教育领域入手来开展活动。该馆于 2012 年启动了"选项卡上的孩子"项目，通过使用预装了与学校课程相关的教育内容的平板电脑来支持所有学校科目的课堂教学。此外，图书馆员还联系了校长和老师，鼓励更多的学生加入该项目。项目实施效果显著，参与该项目的学生的学习成绩得到提高。因为切实帮助贫民窟学生提高了学习成绩，该项目被认为是图书馆行业支持联合国可持续发展计划的一项代表

[①]　徐从平.合肥市基层公共图书馆公共文化服务现状调查与研究[D].合肥:安徽大学，2018:10.

[②]　ALA. Friends of the Mineola memorial library［EB/OL］.［2020-05-01］. https://www.ala.org/awardsgrants/node/3883.

性工作[①]。

针对当地农业和木材经济萎缩的现实状况，美国爱达荷州边界县图书馆（Idaho's Boundary County Library）制订了实用教育计划，以帮助升级和现代化该县的技能和机会。该馆的目标是为人们提供一个工具箱，使他们能够使用新技术。该馆区还与高中合作，制订青年企业家计划，帮助学生创业。该馆给当地居民提供了接触新技术的机会，创建开放空间，鼓励居民创新和建立新业务。该馆获得 2017 年美国最佳小型图书馆奖[②]。

总体而言，国外的基层公共图书馆提供服务的重要原则是立足社区需求、因地制宜开展活动。图书馆所处地区不同，面向的服务对象及其需求不同，便会根据当地社区的需求开展服务。社区由居民构成，居民即图书馆的（潜在）用户，以社区需求为导向实质上就是对用户需求的关注与回应。

4.3.3　基层机构融通融合

基层公共图书馆虽然总数较多，但个体力量较为薄弱，资金和人力都比较有限。因此，选择与其他基层公共文化机构进行融通融合，是基层公共图书馆进行资源整合、提高服务能力的有效途径。

乌干达基腾格拉社区图书馆（Kitengesa Community Library）在学校内成立，兼具社区图书馆和学校图书馆的双重功能[③]。其开展的活动面向村民、学

① IFLA. Library in Kibera，Africa's largest informal settlement，improves access to education［EB/OL］.［2020-05-01］. https://librarymap.ifla.org/stories/Kenya/LIBRARY-IN-KIBERA，-AFRICA%E2%80%99S-LARGEST-INFORMAL-SETTLEMENT，-IMPROVES-ACCESS-TO-EDUCATION/123.

② HIGHER E D. Idaho's boundary county library district named 2017 best small library in America［EB/OL］.［2020-05-01］. https://www.highereddive.com/press-release/20170912-idahos-boundary-county-library-district-named-2017-best-small-library-in/.

③ 陆和建,张芳源,郑辰.非洲农村图书馆范例研究及启示[J].图书馆杂志,2012（6）:66-69,61.

生和老师多个群体，该馆馆员也由固定馆员和学生馆员组成。在偏远地区，将学校和社区图书馆联系起来，有利于整合两种资源，产生更大的服务效果。该馆也于 2013 年被选入 IFLA 的《面向本地居民的图书馆服务：案例研究》（*Library Services to Indigenous Populations: Case Studies*）中 [1]。

美国北卡罗来纳州麦迪逊县图书馆（Madison County Library）与学校合作，确保每个学生拥有电子图书馆账户，从而可以访问电子书和数据库。馆员还进入学校教授检索课程，为成绩不理想的学生提供课后辅导，并在暑期开展青少年阅读计划。此外，图书馆与州立植物园合作开展了科学强化计划，该计划为从幼儿园到八年级的学生提供指导和自导式科学活动 [2]。

基层是公共文化服务的重点和薄弱环节，基层公共图书馆长期以来并没有充足的资金和人员，公共文化产品的供给是不足的。因此，实现基层公共文化机构的融通融合，可以有效整合资源，提升基层公共文化服务效能。

4.3.4　构建创新延伸服务

创新服务方式，主动延伸服务，并扩大公共图书馆在群众中的影响，是促进公共文化服务均等化的必由之路。在面对受战争影响的农村地区的用户时，固定场所的图书馆服务是不合时宜的。克罗地亚扎达尔公共图书馆（Zadar Public Library）的移动图书馆项目就采用了创新的服务方式，利用移动图书馆，为当地的学童、残疾人、老年人以及更多群体提供信息服务和互联网接入，在社区传播信息和知识，将信息带给各类人群。该项目于 2007 年

①　IFLA. Library services to indigenous populations：case studies［EB/OL］.［2020-05-01］. https://www.ifla.org/files/assets/indigenous-matters/publications/indigenous-librarianship-2013.pdf.

②　Madison County Library. About the library［EB/OL］.［2020-05-01］. https://rcpl.libguides.com/About.

获得 IFLA 国际营销奖第二名[①]。

哥伦比亚文化部也在 2017 年通过哥伦比亚国家图书馆和国家公共图书馆网络启动了"移动图书馆促进和平"计划，该计划旨在利用流动图书馆，将图书馆服务的范围扩大到农村地区。移动图书馆大约有 100 平方米的空间，只需花费 20 分钟即可搭建完成，可以为农村地区居民提供图书馆服务。该计划因有助于实现联合国第 16 个可持续发展目标（促进和平与包容），入选 IFLA 世界图书馆地图 SDG（Sustainable Development Goal，可持续发展目标）故事[②]。

面对群众日益增长的信息需求，基层公共图书馆应当积极创新服务方式，努力延伸服务，突破地理和物理限制，主动为用户提供便利的图书馆服务。

①　秦晓婕.IFLA 图书馆国际营销奖及其背后的营销理念[J].图书情报工作,2014（6）:142-146;IFLA. Winners of the IFLA International Marketing Award 2003 – 2008[EB/OL].[2020-05-01]. https://www.ifla.org/winners-of-the-ifla-international-marketing-award-2003-2008/.

②　IFLA. Peace and sustainable development in Colombia:reflections and actions from the library sector[EB/OL].[2020-05-01]. https://www.ifla.org/news/peace-and-sustainable-development-in-colombia-reflections-and-actions-from-the-library-sector/.

5 宏观趋势：中部地区基层公共图书馆的发展环境

从我国基层公共图书馆的发展模式可以看出，其发展离不开政府的投入与支持，更离不开政策环境的影响。近年来，国家推出的"中部崛起"与"乡村振兴"重大发展战略与中部地区的发展密切相关，更会对图书馆事业产生重要影响。此外，在公共文化领域，中央及地方也制定了不少政策，引导着基层公共图书馆的发展方向。本章即对这些战略与政策进行梳理与分析，探查"十四五"时期中部地区基层公共图书馆面临的环境与发展趋势。

5.1 "中部崛起"与图书馆

随着东部地区优先发展、"西部大开发"等政策的实施，中部地区的经济总量、经济增长速度、人均 GDP 增长等远远落后于东部，并与西部地区持平，人、财、物等教育资源的供给均落后于东部和西部地区，学者将此现象称为"中部塌陷"或"中部凹陷"。中部崛起战略是基于"中部塌陷"而做出的决策，它以我国中部省份为发展对象，坚持因地制宜的原则和综合发展的方式，基于对中部区域资源的充分利用，推动产业结构和空间结构优化升级，贯彻可持续发展理念，提升综合效益，是我国区域经济协调发展战略的重要组成部分①。

公共图书馆在中部崛起战略的政策文本中多次被提及。2010 年 1 月，国家发展和改革委员会在《促进中部地区崛起规划》中明确指出，"加强县级文化馆和图书馆、乡镇综合文化站、社区文化中心及村文化室建设，推进实施文化信息资源共享工程、农村电影放映工程、广播电视村村通工程和农家书屋工程，完善公共文化设施网络布局"②。2012 年 8 月，《国务院关于大力实施促进中部地区崛起战略的若干意见》提出，中部崛起的发展目标包括"基本公共服务主要指标接近东部地区水平"③。2016 年，国家发展和改革委员会《促进中部地区崛起"十三五"规划》指出，"中部地区是我国新一轮工业化、城镇化、信息化和农业现代化的重点区域"，应"促进基本公共文化服务标准化、均等化，积极推进市、县、乡镇（街道）、村（社区）文化基础设施建设，加快公共数字文化建设，实现公共文化设施向全社会免费开放。推动全民阅读"④。

公共文化服务建设是中部崛起的一个十分重要的子系统，图书馆又是公共文化事业的重要组成部分。中部崛起需要新知识、新思路、新策略，对于信息的需求极大，图书馆可为中部崛起提供信息资源保障，因此，图书馆是中部崛起战略的有机组成部分⑤。此外，图书馆是中部地区崛起的知识信息交流中心、人才培养基地、知识创新基地、精神文明阵地和读书休闲场所，对中部崛起可发挥显著作用⑥。

①　王磊鑫,孙从建.中部崛起战略的理论基础探究[J].改革与开放,2017(14):105-106.
②　国家发展和改革委员会.促进中部地区崛起规划[EB/OL].[2020-05-01].http://www.gov.cn/gzdt/att/att/site1/20100111/001aa04acfdf0cb520ef01.pdf.
③　国务院.国务院关于大力实施促进中部地区崛起战略的若干意见[EB/OL].[2020-05-01].http://www.gov.cn/zwgk/2012-08/31/content_2214579.htm.
④　中华人民共和国国家发展和改革委员会.促进中部地区崛起"十三五"规划[EB/OL].[2020-05-01].http://fgw.czs.gov.cn/uploadfiles/201701/20170103160408401001.pdf.
⑤　廖爱姣,汪文勇.中部崛起中图书馆的使命与发展思路[J].情报探索,2011(1):60-62.
⑥　史怀勇.图书馆在中部地区崛起中的作用[J].大学图书情报学刊,2006(6):31-32.

中部崛起战略的实施为中部地区图书馆的发展提供了良好的机遇，具体来讲，这些机遇包括以下内容：

（1）中部地区对信息的需求量急剧增长

中部崛起需要长远、科学的目光和规划，其决策依据来源于大量的信息资源和信息服务[①]。作为信息资源的提供和传递机构，图书馆可以为中部经济的崛起和社会发展提供丰富的信息[②]。

（2）中部地区对人员信息能力的要求变高

中部崛起的关键在于将人口优势转化为人力资本优势，将资源优势转化为产业优势。而人力资本优势的培育、资源的信息整合及资源优势的发挥都和图书馆的职能紧密相关。因此，图书馆在中部崛起进程中可将重点放在以下两个方面：一是人力资源的开发，包括对在校生进行信息素养教育、培养潜在劳动力、增强企业员工信息能力、培训农村劳动力等；二是信息服务的提供，包括树立普遍服务的理念、建立资源共建共享网络、提供信息咨询服务、开发特色信息资源等[③]。

（3）中部地区图书馆的财政支持力度持续增强

2016 年 9 月，"长沙共识"指出，"中部洼地"现象形成的主要原因是投入不足，具体表现是政府事权和支出责任不清晰，中央财政资助力度不足，地方政府主体责任落实不到位，以服务人口为依据的均等化、常态化经费保障机制不健全。尽管如此，中部地区经济仍然在中部崛起战略的支持下取得了极大的发展。2006 年至 2018 年，中部地区生产总值年均增长 10.8%，高于全国平均增速 1.9 个百分点，地区生产总值占全国比重由 18.6% 上升到

① 肖蔚，宋小华.中部崛起对区域内高校图书馆文献信息资源需求研究[J].高校图书馆工作,2010(1):50-52.

② 宋小华，赖宁.加强中部图书馆信息资源建设,促进中部经济崛起[J].高校图书馆工作,2006(5):24-25.

③ 唐淑香.图书馆服务于中部崛起的着眼点分析[J].湖南商学院学报,2007(3):53-55.

21.0%[①]。制造业总产值占全国的比重由 2006 年的 12.7%，增长到 2018 年的 25%[②]。地方经济的发展为政府对图书馆的财政支持提供了前提条件。

2016 年 8 月，国务院出台的《国务院关于推进中央与地方财政事权和支出责任划分改革的指导意见》指出，公共文化服务属于中央和地方共同财政事权，实行由中央和地方按比例分担或中央给予地方适当补助的方式承担支出责任[③]。《促进中部地区崛起规划》指出，"科学配置各级政府财力，增强地方特别是基层政府提供公共服务的能力"，"中央财政加大对中部六省转移支付力度，调整财政支出结构，重点向有利于促进基本公共服务均等化的领域倾斜"[④]。因此，中部地区图书馆财政支持力度在未来一段时期可能会持续增强，进而促进中部地区公共图书馆事业快速发展[⑤]。

（4）中部地区公共文化服务均等化的现实要求

2012 年，《国务院关于大力实施促进中部地区崛起战略的若干意见》明确指出，"在新形势下大力促进中部地区崛起……是破解城乡二元结构，加快推进基本公共服务均等化，实现全面建设小康社会目标的迫切要求"[⑥]。2016 年，《促进中部地区崛起"十三五"规划》指出，"把保障和改善民生、增进人民福祉作为促进中部地区崛起的根本出发点和落脚点……促进基本公共服务均等化，不断提高城乡居民生活水平，使全体人民在共建共享发展中有更多获

---

① 中部崛起势头正劲——写在推动中部地区崛起工作座谈会召开一周年之际[EB/OL].[2020-07-28]. http://www.gov.cn/xinwen/2020-05/21/content_5513381.htm.

② 中部崛起势正劲[EB/OL].[2020-07-28].http://yuqing.people.com.cn/n1/2019/1123/c209043-31470579.html.

③ 国务院. 国务院关于推进中央与地方财政事权和支出责任划分改革的指导意见[EB/OL].[2020-05-01]. http://www.gov.cn/zhengce/content/2016-08/24/content_5101963.htm.

④ 国家发展和改革委员会. 促进中部地区崛起规划[EB/OL].[2020-05-01]. http://www.gov.cn/gzdt/att/att/site1/20100111/001aa04acfdf0cb520ef01.pdf.

⑤ 李国新,张勇.推动公共图书馆事业"中部崛起"[J].中国图书馆学报,2016（6）:4-12.

⑥ 国务院. 国务院关于大力实施促进中部地区崛起战略的若干意见[EB/OL].[2020-05-01]. http://www.gov.cn/zwgk/2012-08/31/content_2214579.htm.

得感"①。因此，实现公共文化服务均等化是"中部崛起"的政策要求，基层公共图书馆迎来发展期，应当努力在利好政策下有所作为。

5.2 "乡村振兴"与图书馆

《中共中央　国务院关于实施乡村振兴战略的意见》明确提出，"按照有标准、有网络、有内容、有人才的要求，健全乡村公共文化服务体系。发挥县级公共文化机构辐射作用，推进基层综合性文化服务中心建设，实现乡村两级公共文化服务全覆盖，提升服务效能。深入推进文化惠民，公共文化资源要重点向乡村倾斜，提供更多更好的农村公共文化产品和服务"②。《乡村振兴战略规划（2018—2022年）》补充说明要"推动县级图书馆、文化馆总分馆制，发挥县级公共文化机构辐射作用，加强基层综合性文化服务中心建设……推进农家书屋延伸服务和提质增效"，"加强农村科普工作，推动全民阅读进家庭、进农村，提高农民科学文化素养"③。

从乡村振兴战略规划来看，以县级公共图书馆为主的公共图书馆需要从三个方面发挥作用。第一，推动图书馆总分馆制建设，完善"总馆—分馆—农家书屋—乡村书吧"管理体制，重点建设基层阅读设施，解决乡村阅读"最后一公里"问题。第二，推动乡村科学普及和阅读推广，提高农民科学文化素养，为乡村产业发展和脱贫致富注入内在活力。第三，发扬优秀农耕文化，继承其

---

① 中华人民共和国国家发展和改革委员会.促进中部地区崛起"十三五"规划［EB/OL］.［2020-05-01］. http://fgw.czs.gov.cn/uploadfiles/201701/20170103160408401001.pdf.

② 中共中央　国务院关于实施乡村振兴战略的意见［EB/OL］.［2020-08-05］. http://www.gov.cn/zhengce/2018-02/04/content_5263807.htm.

③ 中共中央　国务院印发《乡村振兴战略规划（2018—2022年）》［EB/OL］.［2020-05-01］. http://www.gov.cn/gongbao/content/2018/content_5331958.htm?ivk_sa=1024320u.

中的耕读思想理念、人文精神和道德规范，加强家庭教育，传承优良家风①。此外，图书馆还可以对接信息需求与供给，参与旅游文化集散和旅游产品研发，推动践行文化改变乡村②。因此，图书馆是乡村文化振兴的重要阵地，为乡村振兴提供了重要的精神支撑和智力支持，对乡村稳定具有重要保障作用③。

乡村振兴战略作为中国共产党新时代"三农"工作的总抓手，已经全面融入国家整体发展的战略体系。《乡村振兴战略规划（2018—2022年）》对公共图书馆建设提出了具体要求，也为公共图书馆参与乡村振兴奠定了制度基础④。此外，乡村文化振兴也要求图书馆做出贡献，《中共中央 国务院关于实施乡村振兴战略的意见》明确指出："乡村振兴，乡风文明是保障。"⑤公共图书馆可以参与乡村振兴进程的各大领域，比如政治、经济和文化建设，但是在"乡风文明"方面的作用最为显著。

在乡村振兴的战略背景下，学界认为，公共图书馆主要有以下四个发展方向：一是增加文献储备和情报收集，助推我国乡村振兴研究；二是参与数字乡村振兴战略，缩小我国城乡"数字鸿沟"；三是发挥社区记忆功能，加强我国农村文化遗产保护力度；四是及时关注文化教育短板，有效促进我国农村文化教育发展⑥。

---

① 陆爱斌.县级公共图书馆实施乡村振兴战略的平湖实践[J].图书馆研究与工作,2019（8）:61-62.
② 郑红京,胡穗,文庭孝,等."乡村振兴"语境下图书馆助力乡村旅游需求与技术驱动研究[J].高校图书馆工作,2019（2）:48-51,63.
③ 黄小兰.乡村振兴战略下乡村图书馆发展路径研究[J].河南图书馆学刊,2019（3）:130-132.
④ 代玲.公共图书馆在乡村文化振兴中的问题与对策[J].喀什大学学报,2019（2）:117-120.
⑤ 中共中央 国务院关于实施乡村振兴战略的意见[EB/OL].[2020-08-05]. http://www.gov.cn/zhengce/2018-02/04/content_5263807.htm.
⑥ 萧子扬,叶锦涛.公共图书馆参与乡村文化振兴:现实困境、内在契合和主要路径[J].图书馆,2020（2）:49-51.

5.3 公共文化和公共图书馆领域相关战略及其影响

除了"中部崛起"与"乡村振兴"战略，在公共文化领域，也有不少政策与图书馆的发展密切相关。其中，国务院以及文化和旅游部出台的关于中部地区公共图书馆的政策直接影响着基层公共图书馆的发展，下文即对此进行梳理。此外，中部六省的相关政策也极大地影响着中部地区的整体发展方向，因此下文也专门对此进行整理与分析。

5.3.1 国务院 2015 年以来关于中部地区公共图书馆的重要政策

近年来，国务院出台诸多政策来推动社会主义文化事业的发展，既有从整体出发去构建公共文化服务体系以及推进乡村振兴的政策，也有从局部视角，针对中部地区崛起做出的重要战略部署。

2015 年 1 月，中共中央办公厅、国务院办公厅印发《关于加快构建现代公共文化服务体系的意见》及附件《国家基本公共文化服务指导标准（2015—2020 年）》[①]，具体指导全国各地基本公共文化服务的发展，并且对基层公共图书馆的总分馆建设做出了要求。2016 年 12 月，国务院常务会议审议通过《促进中部地区崛起规划（2016 至 2025 年）》[②]，突出了中部地区在我国战略发展中的重要地位，立足新的发展阶段做出了"一中心，四区"的中部地区战略定位。2017 年 1 月，《国务院关于印发"十三五"推进基本公共服务

---

① 中共中央办公厅、国务院办公厅印发《关于加快构建现代公共文化服务体系的意见》（全文）[EB/OL].[2020-05-01]. http://www.gov.cn/xinwen/2015-01/14/content_2804250.htm.

② 《促进中部地区崛起规划（2016 至 2025 年）》政策解读[EB/OL].[2020-08-20]. http://www.scio.gov.cn/34473/34515/Document/1535229/1535229.htm.

均等化规划的通知》^① 进一步保障了人民群众平等享受基本公共服务。2018 年
1 月，国务院发布《中共中央 国务院关于实施乡村振兴战略的意见》^②。2018
年 9 月，中共中央、国务院印发了《乡村振兴战略规划（2018—2022 年）》，
明确提出，"健全乡村公共文化服务体系。推动县级图书馆、文化馆总分馆
制，发挥县级公共文化机构辐射作用"^③。2020 年 6 月，国务院办公厅印发《公
共文化领域中央与地方财政事权和支出责任划分改革方案》^④，着力健全公共文
化服务财政保障机制，促进基本公共文化服务标准化、均等化。

5.3.2 文化和旅游部 2015 年以来关于中部地区公共图书馆的重要政策

近年来，文化和旅游部出台了多项政策，以推动我国公共文化事业的不
断发展。其中，不少政策涉及县级文化馆图书馆总分馆制建设、基层综合性
文化服务中心建设、公共数字文化建设工程、文化扶贫等内容。

2015 年 6 月，文化部办公厅发布《文化部公共数字文化工程管理办
法》^⑤。2016 年 12 月，文化部与其他部委联合印发的《关于推进县级文化馆图
书馆总分馆制建设的指导意见》^⑥ 提出，将总分馆制建设纳入现代公共文化服

---

① 国务院.国务院关于印发"十三五"推进基本公共服务均等化规划的通知[EB/OL].[2020-
08-21]. http://www.gov.cn/zhengce/content/2017-03/01/content_5172013.htm.

② 中共中央 国务院关于实施乡村振兴战略的意见[EB/OL].[2020-08-21]. http://www.
gov.cn/zhengce/2018-02/04/content_5263807.htm.

③ 中共中央 国务院印发《乡村振兴战略规划（2018—2022 年）》[EB/OL].[2020-09-
10]. http://www.gov.cn/zhengce/2018-09/26/content_5325534.htm

④ 国务院办公厅.国务院办公厅关于印发公共文化领域中央与地方财政事权和支出责
任划分改革方案的通知[EB/OL].[2020-08-21]. http://www.gov.cn/zhengce/content/2020-06/23/
content_5521313.htm.

⑤ 文化部办公厅.文化部办公厅关于印发《文化部公共数字文化工程管理办法》的通知
[DB/OL].[2020-07-30]. http://pcsp.library.sh.cn/notice.aspx?sid=13844.

⑥ 文化部,新闻出版广电总局,体育总局,发展改革委,财政部.文化部 新闻出版广电总
局 体育总局 发展改革委 财政部关于印发《关于推进县级文化馆图书馆总分馆制建设的指导意
见》的通知[EB/OL].[2020-07-30]. http://www.gov.cn/gongbao/content/2017/content_5216448.htm.

务体系。同月，发布《国家"十三五"文化遗产保护与公共文化服务科技创新规划》①。

　　"十三五"时期，按照党中央、国务院的统一部署，文化部还出台了以下政策：2017年2月发布《文化部"十三五"时期文化发展规划》②，统筹规划了"十三五"时期的文化系统发展改革工作；2017年4月发布《文化部"十三五"时期文化科技创新规划》③；2017年5月发布《"十三五"时期繁荣群众文艺发展规划》④、《"十三五"时期文化扶贫工作实施方案》⑤，后者针对贫困地区提出了公共文化服务体系建设的目标及重点任务；2017年7月发布《文化部"十三五"时期公共数字文化建设规划》⑥、《"十三五"时期全国公共图书馆事业发展规划》⑦，后者是对创新发展全国公共图书馆事业的科学指导。

　　随后，文化和旅游部办公厅于2019年3月发布《2019年全国基层文化和旅游公共服务队伍培训工作计划》⑧；4月，发布《公共数字文化工程融合创新

---

　　①　科技部,文化部,国家文物局.科技部　文化部　国家文物局关于印发《国家"十三五"文化遗产保护与公共文化服务科技创新规划》的通知［EB/OL］.［2020-07-30］. https://most.gov.cn/xxgk/xinxifenlei/fdzdgknr/fgzc/gfxxwj/gfxxwj2016/201612/t20161221_129720.html.

　　②　文化部.文化部关于印发《文化部"十三五"时期文化发展规划》的通知［EB/OL］.［2020-07-30］. https://zwgk.mct.gov.cn/zfxxgkml/ghjh/202012/t20201204_906372.html.

　　③　文化部.文化部关于印发《文化部"十三五"时期文化科技创新规划》的通知［EB/OL］.［2020-07-30］. https://zwgk.mct.gov.cn/zfxxgkml/202012/t20201204_925710.html.

　　④　文化部.文化部关于印发《"十三五"时期繁荣群众文艺发展规划》的通知［EB/OL］.［2020-07-29］. https://zwgk.mct.gov.cn/zfxxgkml/ghjh/202012/t20201204_906374.html.

　　⑤　文化部."十三五"时期文化扶贫工作实施方案［EB/OL］.［2020-07-29］. http://pcsp.library.sh.cn/notice.aspx?sid=14992.

　　⑥　文化部.文化部关于印发《文化部"十三五"时期公共数字文化建设规划》的通知［EB/OL］.［2020-07-30］. https://zwgk.mct.gov.cn/zfxxgkml/202012/t20201204_925713.html.

　　⑦　文化部.文化部关于印发《"十三五"时期全国公共图书馆事业发展规划》的通知［EB/OL］.［2020-07-30］. https://zwgk.mct.gov.cn/zfxxgkml/ghjh/202012/t20201204_906375.html.

　　⑧　文化和旅游部办公厅.文化和旅游部办公厅关于印发《2019年全国基层文化和旅游公共服务队伍培训工作计划》的通知［EB/OL］.［2020-07-30］. https://zwgk.mct.gov.cn/zfxxgkml/qt/202012/t20201205_915373.html.

发展实施方案》①，统筹规划公共数字文化建设工程；11 月，发布《公共文化服务领域基层政务公开标准指引》，并附有《公共文化服务领域基层政务公开标准目录》，首次指导基层政务公开工作②。

5.3.3　中部六省 2015 年以来关于中部地区公共图书馆的相关政策

在中部的十个省份中，河南、湖北、山西、江西、湖南与安徽六个省份对中部地区发展的影响极大，是需要重点关注的对象。自 2015 年以来，中部六省有关公共图书馆的政策数量繁多，涉及方面广泛。政策方向大体是围绕公共文化服务层面展开，涉及体系建设、实施标准、总分馆制、基层综合文化服务中心、公共文化服务保障、公共文化服务均等化、文化扶贫、政府购买公共文化服务、"十三五"规划相关以及中央与地方政府财政划分等诸多方面。

在公共文化服务建设上，中部六省出台的政策体现出以下几个特点：①与国务院、文化部出台的政策相互呼应，自成体系。例如，国务院出台了《关于加快构建现代公共文化服务体系的意见》③，湖北省、湖南省紧随其后贯彻落实，分别印发了两省《关于加快构建现代公共文化服务体系的实施意见》④。②符合实际，彰显特色。中部六省出台政策并非盲目跟随，而是结合本省发展实际，政策内容体现出一定的地方特色。例如江西省发布的《推进

---

① 文化和旅游部办公厅.文化和旅游部办公厅关于印发《公共数字文化工程融合创新发展实施方案》的通知［EB/OL］.［2020-07-30］.https://zwgk.mct.gov.cn/zfxxgkml/ggfw/202012/t20201205_916616.html.

② 文化和旅游部办公厅,文物局办公室.文化和旅游部办公厅　国家文物局办公室关于印发《公共文化服务领域基层政务公开标准指引》的通知［EB/OL］.［2020-07-30］.http://www.gov.cn/zhengce/zhengceku/2019-12/02/content_5457660.htm.

③ 中共中央办公厅、国务院办公厅印发《关于加快构建现代公共文化服务体系的意见》（全文）［EB/OL］.［2020-07-30］.http://www.gov.cn/xinwen/2015-01/14/content_2804250.htm.

④ 湖北省关于加快构建现代公共文化服务体系的实施意见［DB/OL］.［2020-07-29］.http://pcsp.library.sh.cn/notice.aspx?sid=14265;湖南省关于加快构建现代公共文化服务体系的实施意见［EB/OL］.［2020-07-29］.http://pcsp.library.sh.cn/notice.aspx?sid=14250.

基层综合性文化服务中心建设实施方案》①，就强调了本省在实行该方案时要按照"发展升级、小康提速、绿色崛起、实干兴赣"的十六字方针，因地制宜地推进基层综合性文化服务中心建设。③关注贫困地区公共文化发展。区域经济发展不平衡的现象仍然存在，中部地区经济发展现实水平使得该地区尚有连片的贫困地区。发展公共文化事业的重头正是欠发达地区，只有把处于文化弱势的地区扶起来，才可能造就整个公共文化事业的繁荣。对此，山西省发布了《山西省"十三五"时期贫困地区公共文化服务体系建设规范实施意见》②，湖北省文化厅制定了《关于贫困地区文化专项资金整合使用的意见》③。

虽然中部六省所出台政策具有上述特点，但总体而言，六省政策在基层综合性文化服务中心建设以及县级图书馆总分馆建设方面的倾向性较为明显。在基层综合性文化服务中心建设方面，六省均提出了相关政策，并尤其重视农家书屋的建设和文献资源的数字化。在县级图书馆的总分馆制建设方面，山西省、河南省、安徽省、江西省、湖南省五个省份均出台了相关政策，并倾向于加大总分馆制的建设力度。

5.3.4　政策方向

（1）政策引导突出宏观性

2005 年以前，公共文化服务政策主要以宏观引导为主。对应国民经济发展五年计划，可以发现我国各阶段会发布宏观层面上的规划纲要，确定未来

---

①　江西省人民政府办公厅．江西省人民政府办公厅关于印发《推进基层综合性文化服务中心建设实施方案》的通知［EB/OL］．［2020-07-29］．http://zfgb.jiangxi.gov.cn/art/2016/10/11/art_11404_361526.html.

②　山西省公共文化服务体系建设成果综述［EB/OL］．［2020-07-29］．http://www.ce.cn/culture/gd/201806/16/t20180616_29455891.shtml.

③　湖北省文化厅.关于贫困地区文化专项资金整合使用的意见［EB/OL］．［2020-07-30］．http://wlt.hubei.gov.cn/zfxxgk/zc/gfxwj/201602/t20160225_1371209.shtml.

五年文化发展的指导思想、方针原则和目标任务，如 2017 年发布的《国家"十三五"时期文化发展改革规划纲要》提出，要加快文化发展改革，建设社会主义文化强国。

2001—2005 年的公共文化服务政策从全局角度部署了公共文化服务的主要方向与重点内容，奠定了公共文化服务体系的提出与初步构建的基础[①]。

2006 年，我国首次出台在中央层面专门部署文化建设的中长期规划——《国家"十一五"时期文化发展规划纲要》[②]，将公共文化服务从文化中抽出作为单独的部分进行完善。随后，2012 年发布的《国家"十二五"时期文化改革发展规划纲要》[③]在《国家"十一五"时期文化发展规划纲要》的基础上对公共文化服务体系建设工程做了明确部署。

2013 年，党的十八届三中全会提出的"构建现代公共文化服务体系"与"推进公共文化服务标准化、均等化"是公共文化领域全面深化改革的重点，这为之后公共文化服务政策、机制和制度创新指明了方向[④]。如国务院发布的《关于加快构建现代公共文化服务体系的意见》[⑤]提到了要加快构建现代公共文化服务体系、促进城乡基本公共文化服务均等化，原文化部发布的《"十三五"时期全国公共图书馆事业发展规划》[⑥]也提到要推进公共图书馆服务均等化建设。此外，为推进公共文化服务标准化，我国也发布了相应的基层公共文化服务标准，如《国家基本公共文化服务指导标准（2015—2020

---

① 胡税根，李倩.我国公共文化服务政策发展研究[J].华中师范大学学报（人文社会科学版），2015（2）:43-53.

② 国家"十一五"时期文化发展规划纲要（全文）[EB/OL].[2020-07-30]. http://www.gov.cn/jrzg/2006-09/13/content_388046.htm.

③ 中办国办印发《国家"十二五"时期文化改革发展规划纲要》[EB/OL].[2020-07-30]. http://www.gov.cn/jrzg/2012-02/15/content_2067781.htm.

④ 中国共产党第十八届中央委员会第三次全体会议公报[EB/OL].[2020-07-30]. https://news.12371.cn/2013/11/12/ARTI1384256994216543.shtml.

⑤ 中共中央办公厅、国务院办公厅印发《关于加快构建现代公共文化服务体系的意见》（全文）[EB/OL].[2020-07-30]. http://www.gov.cn/xinwen/2015-01/14/content_2804250.htm.

⑥ 文化部.文化部关于印发《"十三五"时期全国公共图书馆事业发展规划》的通知[EB/OL].[2020-07-28]. https://zwgk.mct.gov.cn/zfxxgkml/ghjh/202012/t20201204_906375.html.

年)》《乡镇综合文化站管理办法》《公共图书馆建设标准》《公共图书馆服务规范》等①。

（2）政策辐射范围广泛化

21 世纪以来，我国公共文化服务政策的数量较之前有明显的增长，其内涵与外延在发展中不断变化、完善。围绕公共文化服务出台的政策，涉及面愈加广泛细致，不仅从宏观层面进行引导，而且在微观层面进行规范②。

胡税根等提出，2000 年及以前的公共文化服务相关政策主要着眼于"文化事业"、"文化产业"与"文化市场"的相关规定，政策辐射面较小，且政策的专业性、系统性均较弱③。

随后，李少惠等对我国于 2000—2017 年颁布的 139 部公共文化服务政策文本进行实证分析，对政策主题进行了探索。文中提到 2005 年以前，政策文本聚焦主题比较单一，重点对公益性文化事业建设、公共文化资源共享及文化设施建设与管理等内容进行整体部署。2005 年后，政策中逐渐出现了传统文化传承、文化体制改革、文化机构管理、文化科技创新与社会力量参与等主题。2011—2015 年，政策主题全面深化且种类齐全、覆盖面广、层次明晰、实际操作性强，文化科技创新、文化机构管理、公平配置资源、社会力量参与、文化遗产保护、经费保障等政策主题引起了较高关注④。随后，推动欠发达地区文化事业建设、促进公共文化服务均等化传承、发展中华优秀传

① 中华人民共和国文化部令第48号　乡镇综合文化站管理办法［EB/OL］.［2020-07-30］. http://www.gov.cn/flfg/2009-09/15/content_1418306.htm；文化部.《公共图书馆建设标准》答记者问［EB/OL］.［2020-07-30］. https://zwgk.mct.gov.cn/zfxxgkml/zcfg/zcjd/202012/t20201205_915398.html；文化部. 文化部关于做好《公共图书馆服务规范》宣传贯彻工作的通知［EB/OL］.［2020-07-30］. https://zwgk.mct.gov.cn/zfxxgkml/ggfw/202012/t20201205_916562.html.

② 王平，洪瑾.基于内容分析法的我国公共文化服务政策发展趋势研究［J］.知识管理论坛，2018（5）:275-290.

③ 胡税根，李倩.我国公共文化服务政策发展研究［J］.华中师范大学学报（人文社会科学版），2015（2）:43-53.

④ 李少惠，王婷.我国公共文化服务政策的演进脉络与结构特征——基于139份政策文本的实证分析［J］.山东大学学报（哲学社会科学版），2019（2）:57-67.

统文化等政策主题也逐步完善，如针对中华优秀传统文化的具体领域，在戏曲、古籍、非遗等方面均出台相关政策，公共文化服务内容具体化[①]。

近年来，我国针对总分馆制、公共文化数字建设、文化扶贫、农家书屋等文化建设都发布了相关的指导政策。不少政策关注县级图书馆或基层综合性文化服务中心等基层主体，都对其财政资金、队伍建设、服务形式与内容创新等提出了一定的要求。例如，《关于推进县级文化馆图书馆总分馆制建设的指导意见》针对县级文化馆、图书馆服务能力不强，县域内公共文化资源缺乏整合，城乡公共文化服务发展不均衡等突出问题，提出将总分馆制建设纳入现代公共文化服务体系，此为一大创新之举。

（3）政策制定走向法治化

"十三五"时期，我国公共文化服务体系的"四梁八柱"基本建立完备，其中最为重要的是"两法"的出台。《中华人民共和国公共文化服务保障法》与《中华人民共和国公共图书馆法》的相继出台，为公共文化服务的发展提供了法制保障。这两部法律的发布及实施表明了国家开始通过法律的权威性和约束力来保障公共文化设施的建设与管理，支持公共文化活动的举办与开展，推动公共文化服务供给与需求的匹配[②]。

（4）政策整体趋于规范化

随着中国经济社会的发展，社会主要矛盾也有了新变化，国务院、原文化部等部门出台了一系列有关公共文化服务建设的政策。与以往相比，公共文化服务领域的相关政策在规范性方面体现出以下特点：①政策名称更加规范，直指主题。即名称更加突出公共文化服务，而不是与其他方面的政策混同。例如《湖南省关于加快构建现代公共文化服务体系的意见》明确指出了政策出台的目标——加快构建现代公共文化服务。②政策内容更加规范，条

① 王平,洪瑾.基于内容分析法的我国公共文化服务政策发展趋势研究[J].知识管理论坛,2018（5）:275-290.
② 李少惠,王婷.我国公共文化服务政策的演进脉络与结构特征——基于139份政策文本的实证分析[J].山东大学学报(哲学社会科学版),2019（2）:57-67.

理清晰。例如，江西省文化和旅游厅发布的《关于认真贯彻执行公共文化服务领域基层政务公开标准》的通知，其中的《公共文化服务领域基层政务公开标准目录》对每一事项公开的内容、依据、时限、主体等内容进行了规范。③政策形式更加规范，体系渐成。国务院、原文化部等部门出台一系列有关公共文化服务建设的政策的同时，各省（区、市）也加紧落实这些部门发布的重要文件精神，开始以国家出台的政策为模型，针对本省具体情况相继出台适合本省实际情况的公共文化服务政策，这也体现出我国公共文化服务政策更加统一规范化。例如，为了实现城乡公共文化服务的均衡发展，国务院颁布的《关于加快构建现代公共文化服务体系的意见》中明确了围绕县级图书馆、文化馆推进总分馆制建设的制度。随后，湖北省、湖南省均出台了各自省份的《关于加快构建现代公共文化服务体系的实施意见》。

5.4 "十四五"时期中部地区基层公共图书馆面临的环境与趋势

根据上文对国家及地方相关政策的梳理，下文将指出"十四五"时期中部地区基层公共图书馆发展面临的环境与趋势。

5.4.1 中部崛起战略推进，加快经济基本面追赶

自中部崛起战略实施以来，中部地区的发展取得了显著成效，其经济快速增长，内生动力不断增强。2018 年，中部地区有 4 个省区市位列 GDP 增速排名前 10；中部各省份经济实现中高速增长，经济增速达 7.8%，高于全国平

均水平 1.2 个百分点，增速位居我国东、中、西、东北四大板块之首 ①。

此外，中部地区充分利用对外开放的新机遇，积极推进"一带一路"建设，对外开放水平显著提升。从 2013 年到 2018 年，中部地区进出口总额由 2196 亿美元增长到 3140 亿美元，占全国外贸的比重从 5.3% 上升到 6.8%。2018 年，中部地区实际使用外资 89.4 亿美元，同比增长 19.2%，增速远高于全国平均水平 ②。

目前，中部地区的发展步入了转型升级、提质增效的新阶段，发展态势良好。2019 年 5 月 21 日，习近平总书记主持召开推动中部地区崛起工作座谈会时强调，中部地区崛起势头迅猛，发展空间广阔 ③。

5.4.2 乡村振兴战略部署，提供中部发展新契机

2018 年 1 月，国务院发布《中共中央 国务院关于实施乡村振兴战略的意见》，提出要加强农村公共文化建设，健全农村公共文化服务体系，并详细说明要"发挥县级公共文化机构辐射作用，推进基层综合性文化服务中心建设，实现乡村两级公共文化服务全覆盖……深入推进文化惠民，公共文化资源要重点向乡村倾斜，提供更多更好的农村公共文化产品和服务"④。同年 9 月，中共中央、国务院印发《乡村振兴战略规划（2018—2022 年）》，具体部署了实施乡村振兴战略第一个五年规划。《乡村振兴战略规划（2018—2022 年）》提出，到 2020 年基本建成乡村振兴的制度框架和政策体系，到 2022 年初步健全乡村振兴的制度框架和政策体系，到 2035 年取得乡村振兴的决定性

---

①② 我国中部地区加速崛起壮大实力[EB/OL].[2020-08-21]. http://www.gov.cn/xinwen/2019-06/24/content_5402651.htm.

③ 中部崛起势头正劲——写在推动中部地区崛起工作座谈会召开一周年之际[EB/OL].[2020-08-21]. http://www.gov.cn/xinwen/2020-05/21/content_5513381.htm.

④ 中共中央 国务院关于实施乡村振兴战略的意见［EB/OL］.［2020-08-21］. http://www.gov.cn/zhengce/2018-02/04/content_5263807.htm.

进展，到 2050 年实现乡村全面振兴。此外，该规划还针对农家书屋提出了延伸服务、提质增效、继续实施公共数字文化工程等要求①。此外，2019 年"中央一号文件"提出，要"提升农村公共服务水平……加快推进城乡基本公共服务均等化……"。2020 年"中央一号文件"则进一步提出，要"推动基本公共文化服务向乡村延伸，扩大乡村文化惠民工程覆盖面"。

目前，中部部分地区还存在一些乡镇和行政村没有图书室，或有图书室但大部分处于闲置状态的情况。部分经济欠发达地区乡村的基层公共图书馆等基层公共文化机构不能满足农村居民的基本文化需求，且基层公共图书馆存在馆藏图书数量不足、图书馆管理人才缺乏、图书馆普及率不高、群众的基本文化需求无法得到有效满足等问题②。建设和发展基层公共图书馆是振兴乡村文化的重要举措。基层公共图书馆作为我国公共文化服务体系在广大农村的重要服务站点，是助力乡村文化振兴的重要载体，肩负着繁荣乡村文化、提高基层群众精神文明素质和普及科学知识的责任。

5.4.3 缺乏区域合作战略，未能充分发挥联动优势

"十三五"以来，国家和中部地区各省份围绕构建现代公共文化服务体系、建设县级总分馆制、建设基层综合性文化服务中心等方面做出了不少努力。然而，纵观这些政策，明显缺少了具体说明公共图书馆区域联合的战略。现今，国家对基本公共文化服务的关注度升高，"政府主导、多级投入、集中管理、资源共享"的体系在许多基层公共图书馆逐渐形成③，基层综合性文化服务中心建设也取得良好的效果，基层群众的公共文化权益得到了一定程度的保障。然而，总馆与分馆职责不明、总馆带动作用弱、总分馆之间沟通不

---

① 中共中央 国务院印发《乡村振兴战略规划（2018—2022 年）》[EB/OL].[2020-08-21].http://www.moa.gov.cn/ztzl/xczx/xczxzlgh/201811/t20181129_6163953.htm.

② 段亚妮.乡村振兴视域下基层图书馆的发展路径[J].河南图书馆学刊,2020（2）:120-122.

③ 徐锋.图书馆区域化联合服务[J].内蒙古科技与经济,2014（22）:149-150.

强、基层综合性文化服务中心与城区公共图书馆缺乏合作、城乡公共文化服务水平差距大等问题也现实存在。

将图书馆区域联合作为一项具体战略,无疑为图书馆事业的发展注入了新的活力。中部省份各具特色,且基层公共图书馆的发展缺少牵引力,若能够发挥省级、市级公共图书馆的优势,与基层公共图书馆进行区域联合,则能大大提高资源配置的效率和服务质量。在资源方面,长沙市图书馆与各县级图书馆及其辖区内的乡镇图书馆建立了总分馆模式下的区域资源共享联盟①。宜昌、荆州和荆门三地地域相连,特色相近,三地图书馆业务往来与交流颇多。"2010 年 5 月,宜荆荆图书馆联盟在宜昌正式成立。它以湖北中部地区特色文化、经济和技术信息等为重点,整合联盟圈内图书馆文献信息资源,实现共建共享,为湖北中部经济、文化建设提供了重要的智力支撑。"②区域联盟搭建平台进行统一管理,对区域内的资源进行整合、共建共享,对区域经济文化的发展做出了贡献。在服务方面,随着图书馆用户需求多元化程度加深以及图书馆整体协同趋势日益明显③,区域图书馆联合十分有必要。湖北、湖南、江西、安徽等地的图书馆积极加强区域协作,建立起"湘鄂赣长江中游城市集群信息中心"、"湘鄂赣公共图书馆联盟"、"中三角"(湘鄂赣皖)公共图书馆联盟等一系列联盟,共同推动文献采编、馆际互借、信息服务等方面的合作④。

不论是中部地区,还是全国范围内,公共图书馆区域联合战略对公共图

---

① 杨思洛,王自洋.区域图书馆资源共享模式研究——以长沙地区为例[J].国家图书馆学刊,2013(3):8-15.

② 余嫚雪.区域联盟下的图书馆发展研究——以湖北地区图书馆为例[J].图书馆学刊,2018(12):19-22.

③ 汪春芳.区域图书馆集群联合参考咨询服务研究[J].牡丹江教育学院学报,2015(9):128-129.

④ 余嫚雪.区域联盟下的图书馆发展研究——以湖北地区图书馆为例[J].图书馆学刊,2018(12):19-22;罗洁.区域公共图书馆联合编目平台构建实践——以重庆图书馆为例[J].内蒙古科技与经济,2017(21):73-75.

书馆事业的繁荣发展将发挥积极作用。从资源角度来说，公共图书馆区域联合战略不仅节省了资源，还提高了图书馆整体的资源利用效率。从服务角度来说，联合服务有利于各馆之间优势互补，不仅降低了服务的成本，也提升了服务的能力和水平。从技术角度来说，区域联合有利于打破技术壁垒，尤其对经济发展水平较低地区的图书馆较为有利，这些图书馆可以通过经济发达地区图书馆的辐射带动作用，有效克服技术障碍。

6 发展战略：基层公共图书馆"中部崛起"的战略目标与核心任务

在前文调查研究的基础上，本章将提出基层公共图书馆"中部崛起"的战略目标与核心任务，期望为基层公共图书馆的发展增加动力与支持，促其壮大。

6.1 发挥地方政府职能，担起发展主体责任

地方政府是发展基层公共图书馆的责任主体，应当压实各级政府的主体责任，充分发挥地方政府职能，避免出现"央进地退"现象。从各区域的发展来看，东部地区的基层公共图书馆有强大的自我发展能力，西部地区的基层公共图书馆有强大的外部援助力量，而中部地区的基层公共图书馆在上述两种情况中均不占优势，处于缓慢发展阶段。这就要求中部地区的各级地方政府重视基层公共图书馆的发展，扛好发展主体责任，主动推动图书馆前进。第一，设区的市级、县级地方人民政府及时合理制定本行政区域公共文化服务目录。公共文化服务目录包含的内容较为丰富，在基层公共图书馆层面，

包含全民阅读、阅读服务、书报展览等方面的内容。地方人民政府可以结合本辖区的人口结构、地理环境、经济文化等实际情况，制定包含基层公共图书馆服务内容的全面合理的服务目录。第二，县级以下地方人民政府应当积极落实基层公共图书馆的建设工作。基层公共图书馆从县级到乡镇（街道）级，每一层级图书馆建设工作的重要动力来自对应层级地方政府的支持与推动。地方政府需要将基层公共图书馆的建设工作纳入本级预算，还可通过补助、政府购买、税收优惠等方式为基层公共图书馆的建设提供财力保障，同时建立监督检查制度，完善自身监督，接受社会监督，加强绩效考评，使基层公共图书馆踏踏实实地享受到各种利好。

6.2 加快总分馆制建设，规范社会力量参与

经过多年实践与探索，总分馆制被认为是较为适合我国国情以及具有可行性的图书馆建设制度。中部多数地区经济欠发达、农村人口众多，加快构建县级图书馆总分馆制建设是一种行之有效的方法。县级总分馆制以县级图书馆为总馆，以乡镇、村图书馆为分馆，涵盖三级图书馆的网络建设。总分馆制能够整合基层地区的资源，在总馆的主导下实现文献信息资源的统一采购、编目、调配、借还，让资源流动起来，为资源匮乏地区送去"及时雨"，保障基层群众普遍均等地享受基本公共文化服务。

目前基层公共图书馆中已有不少关于总分馆制建设的实践，其经验显示：首先，社会力量对总分馆的发展起着重要作用，因此应重视并规范社会力量参与。社会力量参与基层公共图书馆建设能够为不够富裕的地区带来更多资金、人力、物力等投入，利于创造良好的社会环境，还能够减轻政府的压力。其次，要加强对社会力量的规范管理。政府与图书馆可制定规章与标准规范，

规定社会力量的参与方式、权责任务、合作方式等内容，使合作有章可依。再次，加强对社会力量的监督，使各流程透明公开，防止腐败等不良事件发生。最后，制定合理的绩效评估与信用评估标准，全面了解合作成效，调整薄弱板块，加强优势板块，促进共赢。

6.3 完善数字技术发展，推动服务模式转型

互联网时代，基层公共图书馆应跟上社会发展的步伐，加强数字技术应用，在做好传统服务的基础上，创新服务方式，推动服务模式转型。基层公共图书馆的数字化服务可包含以下几个方面：一是构建一站式的数字化服务平台，建设数字图书馆，整合文献信息资源，进行统一的网络服务，使群众可以通过该平台跨越时间、地点的限制获取服务。二是推动馆内服务向自动化、数字化方向转变，推进网络图书馆与智慧图书馆建设，为到馆用户提供更便捷的服务。例如：使用智能化检索系统，为用户提供更精确的检索服务；配置数字屏媒、智能自助借还机、电脑等数字化设备，使用户获得更好的到馆体验。三是提供更丰富的数字资源，并拓展数字服务的内容和范围，调整馆藏资源结构，适当增加数字资源的藏量，满足用户需求。

要注意的是，基层公共图书馆服务模式的转型不是一蹴而就的，而是在探索中曲折发展，这种探索贯穿于新的服务模式开展的整个过程。首先，在开展新的服务前，图书馆应了解基层群众的特点与需求，选择合适的服务方式。其次，图书馆可大胆运用新媒体、新技术开展新服务，及时关注用户使用情况与反馈意见，不断调整服务模式，寻找最合适的模式。最后，图书馆可加强用户培训，提高用户接受、使用新技术的能力。

6.4 优化评价评估机制，发挥标准导向作用

在基层公共图书馆的建设、服务与发展等方面，应当建立起标准，发挥标准的导向作用，并优化评价评估机制，以使图书馆有发展的目标与方向。合理的标准与评价评估机制能使图书馆的建设与服务工作有依据，也能促使图书馆不断完善建设，不断改进服务，充满活力。首先，应当加强标准和评价评估内容的制定，基层馆制定标准与评价评估内容时需依据国家基本公共文化服务指导标准和省、自治区、直辖市基本公共文化服务实施标准，并结合本区域的实际情况制定更为细化的内容。其次，评价评估机制应以服务效能为导向，多考虑用户的到馆率、点击率、活动参与率等内容，而不单单以经费投入、藏书量、馆舍面积作为评价指标。再次，标准与评价评估内容可结合地方特色，而非"一刀切"。基层区域的文化特色、财政能力等情况各不相同，图书馆的建设与服务也是符合当地特色的，因此优化评价评估机制应做到地域化、特色化与标准化相结合。最后，标准与评价体系可从基层总分馆的服务体系层面进行整体评价，综合看待图书馆体系的发展，而不仅仅以单馆为评价对象。

7 政策建议：基于四种政策维度

在上文综合调研的基础上，本书发现中部地区基层公共图书馆的发展离不开有力的政策支持。同时，中部地区基层公共图书馆并非孤立存在，上至国家，中至地方，再至自身，下至用户，都与基层公共图书馆的发展产生密切联系，在政策的制定上也要给予不同内容的考察。因此，本章将从国家、地区、机构与用户的维度，为基层公共图书馆发展提出政策建议。

7.1 国家维度：中部地区文化传承与创新重点项目

7.1.1 项目背景

促进中部地区崛起是新时代以来重要的国家战略。从文化积淀上看，中部地区具备文化传承的优势，也有着迫切的文化创新诉求。以非物质文化遗产代表性项目为例，在中部的十个省份中，六个省份的项目值得重点关注。截至 2020 年，在国家级非物质文化遗产代表性项目方面，河南省有 113 个，山西省有 168 个，湖北省有 127 个，安徽省有 88 个，湖南省有 118 个，江西省有 70 个。此外，六省共计有 689 位非物质文化遗产代表性传承人，入选第二批国家级非物质文化遗产生产性保护示范基地名单的企业达 13 家，均占全国五分之一以上的比例，文化积淀十分丰富。然而，从全国公共图书馆事业发展格局上看，由于地方政府财政投入、图书馆自身发展条件等方面的不足，中部地区公共图书馆，尤其是基层公共图书馆的文化信息资源明显匮乏和稀缺。

信息资源是公共图书馆的立馆之本，也是其服务之基。中部地区公共图书馆必须在传统的购买式信息资源建设模式的基础上，寻找新的信息资源建设途径，加强数字资源建设，着力提高资源供给能力，围绕特色资源构建多元、创新的服务体系。为了推动公共图书馆事业的发展、促进中部地区文化的传承与创新，本重点项目旨在挖掘中部地区优秀文化资源、提高中部地区图书馆资源自供自给能力，进而构建对应的服务模式，推动中部地区公共图书馆在文化传承与文化创新方面有所作为。

7.1.2 项目目标

"十四五"时期，国家应运用多种方式，通过多元化渠道，采取多样化途径，将中部地区优秀文化沉淀为公共图书馆的信息资源，以此为基础，推动中部地区公共图书馆服务体系的发展。缓解中部地区公共图书馆资源紧张局面，促进中部地区公共图书馆事业健康成长，推动中部文化崛起。

具体来讲，公共图书馆在中部地区优秀文化传承和信息资源建设过程中的关键作用应得到有效发挥，社会力量广泛参与，图书馆与地方公益性文化组织机构的合作不断深入，地方文献信息资源保障体系不断完善，中部地区特色文化价值得到较大挖掘，地方优秀文化得以传承与发扬。此外，中部地区公共图书馆资源自建能力不断提高，图书馆灵活利用地方优秀文献资源，发展多样化文化服务，建设特色地方文献数据库，建立中部地区统一文化服务平台，打造特色地方优秀文化主题活动，中部地区公共图书馆资源建设格局不断优化。

7.1.3　必要性与可行性

（1）必要性

充分发挥中部地区公共图书馆在中部文化传承与创新过程中的作用，是提升中部地区图书馆文化影响力、活化中部地区优秀文献资源的关键，对公共文化事业的中部崛起有着重要意义。此外，中部地区公共图书馆的迫切发展现状，要求图书馆明确自身主体地位，推动公共文化事业的大发展大繁荣。

首先，中部地区公共图书馆缺乏资源，在向社会提供基本公共文化服务的过程中存在着购买力不足的问题，进而导致资源量和服务量不足，无法有效满足公民文化需求。因此，考虑自建资源，拓展馆藏资源建设路径，实现资源有效自给，是中部公共图书馆亟需思考的命题。此外，地方政府财政投入的有限性也使得中部公共图书馆的发展往往缺少足够的资金支持，而挖掘并活化地方优秀文献资源，是中部公共图书馆拓展服务类型、提升服务质量、吸纳社会力量参与和社会资源资金流入的重要手段。

其次，当前中部地区公共图书馆的资源和服务缺乏特色。中部地区公共图书馆的服务尤其是欠发达地区图书馆、基层公共图书馆的服务，仍停留在图书阅读资源借阅的单一化模式上，普遍存在阅读活动数量少、活动缺乏地方特色、未有效结合地域文化等问题。以近年来中国图书馆学会举办的公共图书馆创新创意征集推广活动为例，从服务创新程度上看，中部各省份公共图书馆案例无论是申报数目还是获奖案例数量，均处在全国较低水平。

最后，中部地区公共图书馆在文化传承与文化创新中的作用亟待发挥。中部地区有着丰富的文化资源，而文化资源价值挖掘力度小、文化传承存在阻碍、文化创新程度不足，是中部地区正面临的一大难关。作为最主要的公共文化服务机构之一，公共图书馆应当承担起保护与传承本地区优秀传统文化、推动优秀传统文化创新发展以适应时代要求与群众需求的重要使命。

（2）可行性

结合中部地区的文化资源和国内图书馆行业实践，中部地区公共图书馆作为主要力量推动中部文化传承与创新，具备实践可行性。

首先，中部地区有优良的文化传统和深厚的历史沉淀。例如，河南省目前有 5 处世界级文化遗产，420 处全国重点文物保护单位，全省古籍普查平台已登记古籍近 100 万册，其中有 222 部入选《国家珍贵古籍名录》，9 家收藏单位被命名为全国古籍重点保护单位。此外，河南省还拥有国家级历史文化名城 8 个、名镇 10 个、名村 9 个、中国传统村落 204 处[①]。再如湖南省，湘绣、滩头木版年画、皮影戏、江永女书等百余项民俗艺术被列为国家非物质文化遗产项目，而德夯苗寨、土家族茅古斯和摆手舞等独具特色，湘菜作为汉族饮食文化八大菜系之一源远流长，且湖南也深受儒家学派的影响，有着深厚的儒家文化血脉[②]。

其次，国内不少图书馆近年来正不断探索本区域优秀传统文化的资源建设和服务创新，为本项目提供了宝贵的先行经验。例如，河北省图书馆与河北广播电视台故事频道联合出品的"图书馆史话"音频节目，通过对文献资料的挖掘、整理、编辑，兼顾河北地方特征的图书馆事例，以史话的方式通俗地讲述我国古代典籍以及文献收藏方面发生的代表性事件。节目文案来源于对众多资料的收集、研究、考证、筛选和编辑，内容包括古代著名书院、藏书楼、名人与图书馆、红色图书馆和莲池书院、直隶图书馆、避暑山庄文津阁等。该项目有效打开了公众了解图书馆和地方文化的新视角，也拓展了公共文化服务的形式。这一案例表明，公共图书馆推动地方文化的传承创新

---

① 河南省人民政府.河南文化概况［EB/OL］.［2020-08-24］. https://www.henan.gov.cn/2011/03-04/260811.html.

② 湖南省人民政府.基本省情［EB/OL］.［2020-08-25］. http://www.hunan.gov.cn/hnszf/jxxx/hngk/hngk.html.

具备实践可行性，这也有利于推动本区域优秀传统文化的大发展大繁荣。

7.1.4　项目内容

本项目以国家主导、地方配合的形式，通过多元化的资源建设、多途径的资源利用、多层次的配套服务，使得中部地区公共图书馆的资源建设日益自主化、服务体系日益完整化。

（1）多元化资源建设

结合目前中部地区公共图书馆资源缺乏的现状，需通过不同形式，建立大型的中部地区传统文化资源数据库，为后续的资源利用与相关服务的提供打下基础。具体来看，中部地区公共图书馆可以尝试的资源建设方法应包括但不限于以下内容。

①推动社会力量广泛参与

在坚持政府主导的基础上，大力推动社会力量参与中部传统文化资源数据库的建设过程。促进社会力量的多元化参与是弥补公共图书馆资源、人手短缺的有效方式。通过政府购买服务、社会组织联盟参与图书馆建设、志愿服务项目、慈善捐赠等方式，为公共图书馆筹集资金与人力资源，与社会多方力量共同建设中部地区传统文化资源数据库，这样能有效降低项目成本，提高建设效率。在建设过程中，政府购买服务的形式能为中部地区传统文化资源数据库的建设选出优质的项目主要承包方，社会力量可以为中部地区传统文化资源数据库的建设提供资源或资金支持，而志愿者访谈、调查等形式也能有效搜集多样化的信息资源，社会联盟参与资源库的建设也可以为中部地区传统文化资源数据库的构建提供人手，缓解图书馆人才短缺的局面。

②加快文献数字化进程

中部地区传统文化资源数据库的建设离不开数字化文献。中部地区公共图书馆拥有数量较多的馆藏文献，且不少图书馆馆藏收录了许多与地方文化相关的珍贵文献，对这些文献的数字化一方面可以对古籍善本等珍贵文献进行备份以支撑长期保存，另一方面也可以为中部地区传统文化资源数据库的建设提供资源基础。在此基础上，可加强数字图书馆、网络图书馆与智慧图书馆的建设，通过数字化平台支持数字化文献的存储与利用。

③运用手段促进多样化的资源创作

优秀传统文化除了部分记录在册的内容，还有许多流传于民间的、未被文献系统记录或难以记录的内容，例如非物质文化遗产。结合中部地区传统文化底蕴丰富的特点，中部地区公共图书馆可以采用文献收集的方式，从民间广泛收集与传统文化相关的文献资源，同时也可以组织志愿者对诸如非物质文化遗产传承人等人物的相关文化工作进行口述、影像记录，补全文献记录缺口，也可以鼓励社会公民在传统文化方面进行多样化的创作，如撰写文章、人物志、地方志等。通过多样化的方式和途径，推动公共图书馆与社会各方共同参与中部地区传统文化资源数据库的构建。

值得注意的是，政府和公共图书馆在中部地区传统文化资源数据库建设工程上，可以考虑采用大型 PPP 的形式进行建设。通过促进政府与企业、营利性社会组织等社会资本方进行多方面的项目合作，解决图书馆政府资源、资金投入欠缺的问题，降低项目整体成本，充分发挥私营部门能力优势，在提高项目运作效率的同时，推动公共部门与社会资本方建立长期、稳定的利益共享关系。

（2）多途径资源利用

建立中部地区传统文化资源数据库以后，图书馆应当多途径促进相关资源的利用，发挥传统文化资源的最大价值。首先，中部地区传统文化资源数据库应当向中部地区各级公共图书馆开放并免费提供使用，满足图书馆尤其是基层公共图书馆的资源需求，加快基本公共文化服务均等化进程。其次，在全国统一性公共文化服务平台建设背景下，中部地区传统资源数据库可纳入该平台在全国范围内提供服务。同时，可考虑按照不同用户类别进行合理收费，例如对国外图书馆以及国外用户进行服务收费，对非中部地区图书馆按图书馆所处地理位置、图书馆级别进行合理收费，也可以向社会用户提供中部地区传统文化资源数据库的部分免费资源服务，同时根据社会需求提供部分收费资源服务。通过收费来补充中部文化投入和资源的不足。

在这一过程中，政府和公共图书馆必须明确自身职责，坚守公共文化事业单位的底线，明确服务的免费与收费项目、目标对象，在推动中部地区公共文化服务发展的同时，合理谋求进一步发展建设的资金与资源支持。

（3）多层次配套服务

中部地区公共图书馆在提供传统文化资源服务的同时，需形成对应的服务配套体系。图书馆不仅要有资源，还要有对应的、多层次的服务，以满足用户多元化、多样化的服务需求。本项目通过整合中部地区公共图书馆的服务能力，为不同的用户群体提供专业性的"一条龙"服务，最大程度匹配用户需求，提高图书馆服务效能。具体来说，中部地区传统文化资源数据库在为全国各级图书馆提供传统文献信息资源的同时，可以为有需要的图书馆提供文献信息的关联分析、信息价值挖掘、再生性出版等配套服务，帮助用户更好地实现相关资源的价值；在为社会用户提供服务的同时，可以提供相应的咨询服务平台，解答相应使用问题，引导用户高效获取所需信息。通过多样化、多层次的配套服务，提升资源利用效率，推动中部地区传统文化资源数据库价值最大化。

7.1.5 实施路径

（1）设置机构与项目

在文化和旅游部的指导下，以中国图书馆学会或中部图书馆联盟为依托，设立"中部地区传统文化传承与创新项目小组"，建立起一支集学术研究、试点示范、成果转化和实践培训于一体的专家团队，负责与中部地区公共图书馆共同推动中部传统文化传承与创新实践以及中部地区传统文化资源数据库建设相关的调查、研究、评审工作。

中部各省份在地方文化主管部门指导下，以中心馆和图书馆行业组织为依托，开展区域公共图书馆促进地区文化传承与创新的相关工作，建立起相应的地方文化资源数据库，实现传统文化创新工作专业化、规范化发展。

（2）提出方案

由文化和旅游部主导，国家图书馆、中国图书馆学会等图书馆界相关机构参与，制定《关于中部地区公共图书馆推动中部传统文化传承与创新的指导意见》，提出推动中部传统文化传承与创新实践过程中的原则、主要内容和整体推进路径，明确以中部地区传统文化资源数据库为中心的发展路径。同时，落实中部地区地方政府各部门责任分工，鼓励各地因地制宜、大胆探索，建立符合本地实际的传统文化传承创新机制，建设好地区传统文化资源数据库。

（3）确立规范

文化和旅游部连同中国图书馆学会等图书馆界行业组织制定适用于中部地区的《中部传统文化传承与创新重点项目指引》，明确中部传统文化资源数据库的建设内容、监督机制和保障举措，确定其规范化、规模化、长效化的基本路径。同时，健全配套措施，明确相应服务规范，例如对中、西部地区图书馆尤其是基层公共图书馆，免费提供中部地区传统文化资源数据库的全部资源，推动相应资源配置格局的优化，对东部地区等发达地区的图书馆、国外的图书馆则收取一定服务费用，弥补中部地区图书馆财政投入的不足。

（4）开展服务

中部地区部分公共图书馆通过进行试点示范的前期探索、组织考察学习和总结研讨，吸收了不少成功的经验。在文化和旅游部主导下，中部地区各级政府应将推进中部地区传统文化资源数据库建设项目作为"十四五"时期构建现代公共文化服务体系的重要内容，各地方政府和公共图书馆承担主体责任、对接发展规划、明确总体思路，因地制宜地结合地方文化特色持续推进相关工作。

（5）绩效评估

在"十四五"时期，中部地区公共图书馆应依据相关标准，将中部地区传统文化资源数据库建设纳入定期督查、考核和评估的体系之中。

首先，应在中部文化传承与创新的过程中，明确项目的公益性。一方面，作为公共文化服务机构，中部地区公共图书馆在吸纳社会力量参与、采取PPP建设模式的过程中，应始终坚持以公益性为主导，向社会提供基本的传统文化资源服务。另一方面，在保持公益性主导的同时，中部地区公共图书馆应当合理谋求一定的发展空间，以为进一步发展提供资源、资金支持。

其次，实施评估验收。由文化和旅游部主导，建立相应的监管、汇报机制，配合中部各省份成立评估验收小组，根据实际情况，不定期对中部地区各图书馆传统文化资源数据库建设工作进行查验。

7.1.6　保障条件

（1）政策保障

相关主管部门推出相关指导文件和政策文本，为项目提供政策保障，确保中部地区公共图书馆推进地方文化传承与创新、建设中部地区传统文化资源数据库全过程的合法性与合理性。同时，制定相关优惠政策，减小项目实施阻力，鼓励和引导社会力量参与传统文化创新的相关工作，加强统筹协调，落实相关政策，为项目的建设与实践创造条件。

（2）资金保障

项目开展前期，中央财政为"中部地区文化传承与创新重点项目"划拨充足预算，向中部地区的地方财政部门下拨专款资金用于相关工作。以往用于支持中部贫困地区、欠发达地区图书馆建设的数字资源建设资金，可考虑通过本项目下发。

7.2　地区维度：长江中游城市群基层公共图书馆一体化发展项目

7.2.1　项目背景

长江中游城市群是以武汉城市圈、环长株潭城市群、环鄱阳湖城市群为主题的特大城市群，也是实施促进中部地区崛起战略、全方位深化改革开放和推进新型城镇化的重点区域。2012 年，"中三角"公共图书馆联盟成立，设立联席会议制度和联盟办公室，着手建立和完善资源流转、活动共创、学术研讨、队伍培训、办馆经验交流等领域和层面的协作系统和协调机制。2015 年 4 月，国务院批复《长江中游城市群发展规划》，将提升基本公共服务体系一体化水平作为其发展目标之一，支持"中三角"公共图书馆联盟发展。

尽管长江中游城市群已经在跨省图书馆合作方面踏出开创性的一步，但合作效果还有待提高。"中三角"公共图书馆联盟存在目标定位不明确、缺乏可操作性、缺少评估考核等问题，各省份图书馆由各自政府部门管辖，各自为政，相应的法律法规、经费筹措机制有待建立健全，联盟资源整合力度不足，发展计划难以落实，合作层次有待深化。此外，"中三角"公共图书馆联盟以省级馆为支点，市级馆为骨干，县级馆为基础，对基层公共图书馆的合作探索不足，而基层公共图书馆是实现公共文化服务体系基本服务全覆盖、均等化、增效能的关键节点。

在这样的背景下，本书建议实施"长江中游城市群基层公共图书馆一体化发展项目"，聚焦基层公共图书馆一体化建设，建立深度合作的跨省图书馆联盟，完善人才交流共享、资源共建共享、资金筹措等相关管理运行机制，提升长江中游城市集群图书馆整体效能，实现合作共赢，为长江中游城市群乃至整个中部地区经济社会发展提供文化支撑和文献保障，助力中部地区崛起。

7.2.2 项目目标

本项目旨在建立健全长江中游城市群图书馆跨省合作配套机制，建立人才互动共享机制，整合长江中游城市群图书馆服务和资源，推动建立一个互联互通、协调高效的跨省图书馆联盟，并设置政府专项资金用于支持联盟运作，定期举办中部地区图书馆合作会议，对外塑造一体化的文化形象，合作建立中部地区数字图书馆，实现数字资源共建共享，以较低的成本提升图书馆服务水平。

7.2.3 必要性与可行性

（1）必要性

区域图书馆一体化发展以经济集约的方式激活、带动基层公共图书馆发展，是完善我国现代公共文化服务体系建设的一条便捷、高效的途径。但长江中游城市群基层公共图书馆跨省一体化发展尚存在许多问题。

第一，文化合作机制有待健全，相关的政策、规范、标准亟待制定出台，缺少有效的评估考核机制。第二，资金保障力度不足，政府没有提供专门的财政支持，区域财政壁垒导致资金难以统筹使用，合作项目资金紧张。第三，图书馆合作层次较低，没有充分发挥图书馆跨省域合作效益。

（2）可行性

国家和地方多项政策规划鼓励长江中游城市群协同发展，为本项目提供了实施依据。2012 年，《国务院关于大力实施促进中部地区崛起战略的若干意见》出台，提出要加强武汉城市圈、环长株潭城市群和环鄱阳湖城市群间的战略交流与合作，打造一体化长江中游城市群。同年，湖南、江西、湖北三省正式签订了《加快构建长江中游城市集群战略合作框架协议》、《湖南江西湖北三省文化发展战略合作框架协议》和《湘鄂赣三省公共图书馆联盟协议》，并开通了三省公共图书馆联盟网站。

在跨省图书馆合作上，我国多个地方也已经积累了一些实践经验。例如："中三角"公共图书馆联盟协同组织文献采购、书目编制、资源共建共享、人员交流培养、举办讲座和展览等活动；京津冀图书馆联盟协作搭建资源共建共享平台、联合参考咨询平台、专业人才培养平台、公共文化示范区建设平台、惠民服务平台、冬奥会主题服务平台等。

7.2.4 项目内容

（1）推动业务建设一体化

中部地区图书馆业务建设一体化需以公共图书馆联盟为载体。健全的公共图书馆联盟建设机制应包括：宏观的发展规划和章程，内含明确、切实可行的发展目标和实施路径；常务管理小组，专门处理和协调联盟相关事务，定期整理联盟内图书馆发展情况以及合作项目进展等信息；例会制度，规定每1—2年定期举办年会，在会议上协调部署重要决策并推进各项工作；评估考核制度，对联盟内成员图书馆和合作项目的绩效进行评估，确立奖罚制度。

业务建设一体化的具体内容包括：文献资源建设一体化，需收集联盟内各馆文献资源建设信息，建立文献资源长效动态监测体系，统筹购买、分配文献资源；服务项目一体化，需建设一个图书馆合作需求平台，促进馆际合作，鼓励长期合作项目，可结合中部地区丰富的传统文化资源，突出地方特色，利用优质高校资源提升活动品质，共同打造图书馆联盟活动品牌；物流网络一体化，与邮政合作，建立配套的文献物流系统，在资源规模不变的情况下通过图书流转增加资源总量。

（2）推动组织管理一体化

依托中部地区一体化推动行政协调机制建设，以区域政府间充分的自主协商为前提，在省级层面成立中部崛起发展领导小组作为跨行政区的协调组织，负责统一规划和协调"中部崛起"中的重大问题，提出发展方针并监督方针政策的贯彻落实。领导小组遵循"轮流坐庄、协商一致"的决策和运行机制，促进区域内文化合作机制的建立健全，制定并出台跨省域文化合作、图书馆合作相关的政策、规范、标准。此外，领导小组还负责设置和管理图书馆联盟基金，资金来自政府和社会力量共同投入，用于支持图书馆联盟发展和其他中部地区图书馆建设项目。

（3）推动数字资源建设一体化

采用分布式架构搭建区域公共图书馆多点协同云平台，不同服务节点保留创建和更新资源与服务的独立性，使各图书馆共用同一平台入口，共享所有节点的资源和服务，从而允许平台承载不同类型的数据库，建成统一的数字图书馆，实现各馆在保持相对独立的情况下的合作共享，同时保持较高的系统稳定性和可扩展性。中部地区图书馆采用统一的编目标准，推进图书馆的网络化建设，建立一站式的资源检索服务平台，整合各省份数字资源，提供文献传递和联合参考咨询服务，使图书馆向智慧型发展，也使读者可以一站式获取区域信息资源。

（4）推动人才建设一体化

建立长江中游城市群图书馆行业人才互动共享机制，促进人才跨省交流合作。长江中游城市群政府需通过协同合作，共同布局人力资源，推动人才合理分配。通过搭建人才数据库共享人力资源信息，构建人才共享平台。与各省份教育局合作，充分利用长江中游城市群丰富的高校资源进行人才培养，组织高等院校共同为体系内不同类型图书馆的业务人员提供分类培训和人员继续教育。建立健全人才纠纷解决机制，切实保障人才利益，使人才在区域内得到统一标准的制度保护。

7.2.5 实施路径

（1）提出方案

法制性建设是项目实施路径的重点。由各省级教育厅、文化厅协调制定的《长江中游城市群基层图书馆一体化发展指导意见》，明确长江中游城市群基层公共图书馆一体化发展的发展目标、整体规划和保障条件等。

（2）建设图书馆联盟

在中部崛起发展领导小组指导下，各省市图书馆以签订协议的方式组建图书馆联盟，联盟内图书馆在文献借阅互联互通、数字资源共建共享、人才交流培养、活动策划举办等方面展开合作，推动区域内公共图书馆服务均等化。图书馆联盟内常务管理小组负责处理日常事宜。图书馆联盟定期举办会议，解决遇到的重大问题并制订未来的具体实施规划。中部地区有较好的科教基础，联盟中可设立专家咨询机构，邀请中部地区高校专家参与，为联盟中的决策提供专业支持。

（3）开展图书馆合作项目

在中部崛起发展领导小组指导下，依托公共图书馆联盟，建设图书馆合作需求数据库，为图书馆找到合适的合作伙伴提供一个便捷有效的平台。鼓励开展多样化、多层次的图书馆合作项目，支持长期合作项目，对优秀合作案例进行宣传和推广，举办联盟内图书馆合作经验交流会。

（4）搭建数字资源平台

由各省级图书馆协商，利用高校技术力量，共同出资搭建现代化的分布式数字资源平台。首先整合中部地区已有的图书馆联盟资源，如湖南省高校数字图书馆、湖北省高等学校数字图书馆、湖南省文献信息资源共建共享协作网、武汉城市圈图书馆联盟、江西省数字资源共建共享联盟等，减少成本，避免重复开发，其次开展需求调研，根据调研结构统筹采购数字资源。

7.2.6 保障条件

（1）经费保障

依托多层次的长江中游城市群财税合作机制，中部地区各级政府共同提供图书馆一体化专项资金，专款专用。建立图书馆联盟建设基金，以政府投入为主，并依法鼓励社会力量参与资助，由中部崛起发展领导小组负责资金的统筹管理和分配。

（2）制度保障

明确政府主导，配合中部地区崛起战略和长江中游城市集群战略合作，逐步完善长江中游城市群基层公共图书馆一体化的合作、激励、约束和利益分享与补偿机制，建立健全区域内图书馆服务供给政策和制度，保证一体化建设有据可依、有制可循。

7.3 机构维度：中部地区特色基层公共图书馆扶持计划

7.3.1 项目背景

在现代公共文化服务体系的建设中，基层一直被视为重点和难点。中部的基层公共图书馆事业又可谓"难中之难"。根据 2015 年湘鄂赣皖四省公共图书馆联盟组织的基层公共图书馆发展状况调研，"十二五"以来，相对于东部地区的持续发展和西部地区的快速追赶，中部地区公共图书馆事业相对落后，结果是传统上东中西部梯次发展的格局被打破，形成了东部最好、西部次之、中部最差的公共图书馆事业"中部洼地"现象，严重阻碍了中部地区基层公共图书馆的发展建设。

在"十四五"时期，以"中部地区特色基层公共图书馆扶持计划"为抓手，推动中部10个省份基层图书馆实现创新性发展，突破"中部洼地"。这既是实现公共文化区域均衡发展的关键所在，也是助力国家推动中部地区整体崛起的重要工作之一。

7.3.2　项目目标

本项目旨在形成共建、共享、统一协调和管理的中部地区基层公共图书馆运行机制。随着"省—市—县—乡镇—村"多级公共图书馆服务体系的建成，本项目可以在一定程度上实现资源统筹，统一规划资源订购、图书馆建设和图书馆事业发展，持续推动全省公共图书馆事业发展。

以中部地区10个"省"一级的公共图书馆（以下称"省级馆"）为中心，仿照广东省立中山图书馆建设起10个省份的流动图书馆，促进基层公共图书馆服务均等化、标准化水平的显著提升。

以中部地区所有的"地级市和自治州"一级的图书馆（以下称"市级馆"）为中心，充分吸收社会力量，根据各个城市的人口规模，按每年发展10个县的速度共在中部地区建成100个分馆，每个分馆设立乡、镇、村基层流动服务点3个以上，共约300个，"十四五"时期至少覆盖一半经济欠发达地区，服务范围延伸至广大农村读者。

7.3.3　必要性与可行性

（1）必要性

基层公共图书馆作为当前公共图书馆事业发展的明显短板，其发展桎梏（如专业人才有限、经费投入不足和文献资源稀缺等）在全国范围内都具有普遍性，但中部地区基层公共图书馆的发展情况存在一定的特殊之处。一方面，中部地区基层公共图书馆事业的发展缺乏东部地区的经济条件支撑，也缺乏西部地区的政策扶持，受中部地区地理因素、经济发展状况等宏观因素的影响，如果没有国家的专门投入，中部地区很难依靠自身力量突破发展循环。另一方面，中部地区的基层公共图书馆服务水平与服务人口严重失衡，中部重要县（市、区）级单位和村、镇的人口密度高、数量多，但公共图书馆不能满足大众的文化需求，服务能力和服务效能仍有待提高。

（2）政策与实践可行性

基层公共文化服务体系建设一直以来都是公共文化服务体系建设的重要内容。2017 年，《"十三五"时期全国公共图书馆事业发展规划》指出"坚持重心下移、资源下移、服务下移，加强资源整合，把优质公共文化服务向城乡基层延伸"，并提出"推进乡镇（街道）、村（社区）图书室建设""加强流动服务设施与数字服务设施建设""加快推进县级图书馆总分馆制建设""流动图书车""城市 24 小时阅读服务空间"等具体任务和建设形式。同时，在"十三五"时期，东部经济发达地区基层公共图书馆建设颇有成效，杭州、苏州、广州、深圳、佛山、东莞及广东省流动图书馆等公共图书馆服务体系因地制宜，表现出"多层面、多模式、全方位"的特点，可以为中部地区基层公共图书馆建设提供先进经验和成功范例。

7.3.4 项目内容

（1）"省"一级的图书馆负主导责任

本项目采用扁平化管理模式，以中部地区 10 个省级馆为主导，在基层建设和管理流动图书馆，分别在各省份各区域的县级图书馆建立分馆。依托省级馆的馆藏资源，向各个流动图书馆提供新书，由省级馆对经费、人员、资源、活动等进行统筹，实施统一的资源调配、服务标识、业务规范、技术支持和绩效考评，形成共建、共享、统一协调和管理的运行机制。

（2）"市"一级的图书馆建设体系

中部地区所有的市级馆负责建立各地的基层公共图书馆体系。由各省份文化行政主管部门与省级馆牵头，各市图书馆根据当地的建设需求和服务网络建设规划，优先在人口密集的贫困地区覆盖流动图书馆服务，采取从试点到推广的路径，不断增加流动图书馆的数量并持续提升其服务质量。

（3）建立流动图书馆契约与制度

建立规范的流动图书馆管理制度，省级馆与分馆所在地的文化主管部门、县级图书馆三方签订合作协议，以协议保证服务质量，保证各县级馆办馆经费、购书费和人员保障等业务建设的增长。

对流动图书馆统一制定《流动图书馆建设标准》《流动图书馆评估标准》《流动图书馆借阅规则》《流动图书馆管理条例》等标准和规则，建立健全培训、表彰、年会、业务上报、工作简报等制度，建立健全对流动图书馆的建设标准与评估标准，各地流动图书馆按照统一的标准开展服务，使一切工作在统一制度下进行。

7.3.5　实施路径

（1）提出方案

在文化和旅游部的指导下，各地以省级馆为依托，制定《中部地区特色基层图书馆扶持方案》《中部地区流动图书馆建设规划》等相关方案、规范和协议，明确流动图书馆的建设原则和主要内容，确定其规范化、一体化、规模化、长效化的基本路径。

（2）提出标准

由文化和旅游部明确规定流动图书馆的建设标准、建设流程、保障机制，确定相应的程序和规范，确立针对流动图书馆的人员、物资要求，明确省级馆与市级馆之间的职责分工、权责关系。

根据基层公共图书馆发展情况参差不齐的客观实际，结合基层公共图书馆所属的行政层级，以及已有的馆舍规模、覆盖区域等，由区域文化行政主管部门与省级馆牵头，依据国家法规、标准和规范，编制相应的流动图书馆建设标准，推进流动图书馆管理精细化，切实提升基层公共图书馆服务效能。

（3）建设与验收

在省级馆统筹调配、市级馆配合实施下按统一流程、标准建设流动图书馆，中部地区各省文化主管部门和省级馆确保流动图书馆达到指标要求的水平。省级馆与分馆所在县（市、区）文化局、图书馆三方共同签订协议书，通过协议来约定各个主体享受的权利和应当履行的义务，并明确违约后的处罚措施。

（4）监管与评估

中部地区各省文化行政主管部门与省级馆应建立跟踪监测和评估、督导的长效机制，将流动图书馆纳入公共图书馆绩效评估之中，省级馆每年应依据相关标准对社会分馆定期评估，保障流动图书馆长久发挥实效，提高基层公共图书馆体系的整体保障和服务水平。

7.3.6 保障条件

（1）政策与制度保障

文化和旅游部在政策方面给予支持，明确省级馆的主导地位，统筹协调、落实流动图书馆建设、管理、经费相关政策，为基层公共图书馆建设创造条件。各级政府及其文化主管部门应该着力落实流动图书馆建设相关的规章制度和支持措施；同时从政策层面重视有规范、有规模地吸收社会力量参与，鼓励和支持社会力量为基层公共图书馆建设捐建、捐赠、捐资。

（2）资源投入

由文化和旅游部为中部地区设置基层公共图书馆扶持专项基金，确保流动图书馆购书经费每省每年至少 500 万元，运作经费每省每年至少 100 万元，每省五年的专项基金共计 3 亿元，专款专用，通过一定时期强度较大的外部援助，促进中部地区公共图书馆事业尽快与全国同步均衡发展。中部地区各省份文化主管部门落实主导与投入责任，按每个流动图书馆投入 40 万元计，每年补拨款用以建设、运营与购置文献资源，由省级馆统一调配。各地文化行政主管部门、图书馆行业组织加强指导、组织培训，支持各地基层公共图书馆的建设和发展。

7.4　用户维度：中部地区基层公共图书馆留守儿童服务重点方案

7.4.1　项目背景

随着农村劳动力向城市的流动与经济产业结构的调整，中部地区出现了大量留守儿童，与之相伴的文化问题尤其突出与严重。2018 年，我国共有留守儿童 697 万余人，在各省份的留守儿童数量中，排在前 7 位的省份中有 5 个处于中部地区，这 5 个省共有 352 万留守儿童，占全国留守儿童总数的 50%，可见中部地区的留守儿童数量之庞大。自国家实施中部崛起战略、乡村振兴战略以及《"十三五"时期文化扶贫工作实施方案》等战略政策以来，政府通过持续推进返乡就业、进行户籍制度改革、加大留守儿童关爱保护力度等措施，使得留守儿童数量有所下降，安徽、河南、湖南等省份的下降比例均在 12% 以上。然而，现有留守儿童仍面临严重的精神文化问题。《2019 年度中国留守儿童心灵状况白皮书》[1] 显示，96% 的农村留守儿童为隔代抚

---

[1]　2019 年度中国留守儿童心灵状况白皮书 [EB/OL].[2020-08-25]. https://www.sohu.com/a/366730962_484992.

养，超九成受访儿童遭受过精神暴力，14% 的儿童同时遭受躯体、精神、性和忽视四重暴力，而留守儿童的看书学习时长和书本储存量也与非留守儿童存在显著差距。留守儿童所受的家庭教育与学校教育双重缺乏，所面临问题不可忽视。对此，《民政部关于进一步加大农村留守儿童关爱项目政府购买力度的提案答复的函》①提出，政府要统筹财政，协调进一步加大购买农村留守儿童关爱项目，支持社会组织参与社会服务；文化和旅游部、中央文明办在《2019 年文化和旅游志愿服务工作方案》②中也提出农村未成年人文化志愿服务计划这一"圆梦工程"，向中西部地区的文化志愿服务的建设倾斜。

虽然国家推出了一些政策措施解决留守儿童的文化困境，但中部地区公共图书馆面向留守儿童开展的服务仍较为缺乏。基层公共图书馆尤其是农村的基层公共图书馆网点布局多、与留守儿童较为贴近，因此亟须提高针对留守儿童的服务能力。

在此背景下，本书建议关注留守儿童文化困境，设立该群体扶持政策，进行服务模式探索，通过政府购买等方式加大服务力度，完善相关服务标准，解决中部地区基层公共图书馆提供留守儿童服务中的问题，助力中部文化扶贫，促进中部崛起。

7.4.2 项目目标

本项目旨在提高中部地区基层公共图书馆服务留守儿童的能力。出台基层公共图书馆服务留守儿童的相关政策，设立财政专项资金，通过政府购买

---

① 民政部. 民政部关于进一步加大农村留守儿童关爱项目政府购买力度的提案答复的函［EB/OL］.［2020-08-25］. https://www.mca.gov.cn/article/gk/jytabljggk/zxwyta/201912/20191200021860.shtml.

② 文化和旅游部 中央文明办关于印发《2019 年文化和旅游志愿服务工作方案》的通知［EB/OL］.［2020-08-25］. http://www.gov.cn/zhengce/zhengceku/2019-09/25/content_5433141.htm.

服务等方式，将资金落实到每一位留守儿童身上，并开展示范项目，逐步探索良好的发展与服务模式，同时制定验收标准，通过标准促进示范项目良好运作，多种措施并行，提升基层公共图书馆面向留守儿童的服务水平。

通过基层公共图书馆服务效能的提高，进一步解决留守儿童的文化问题。图书馆能够为留守儿童提供更丰富的阅读资源、开展更多样的文化活动、提供更多的文化活动空间，从而丰富留守儿童的精神文化生活，保障其文化权利，提高其受教育程度和文化程度，缩小中部地区城乡差距，促进社会和谐。

7.4.3 必要性与可行性

（1）必要性

留守儿童的文化问题是中部崛起亟须解决的重大问题之一，面向留守儿童的服务也是中部地区基层公共图书馆服务的绝对弱项，相关问题值得关注。第一，留守儿童对教育和精神文化具有强烈的需求。留守儿童是社会的弱势群体，多生活在贫困地区，这些地区基础设施不完善、文化资源不丰富，他们还普遍面临学校和家庭教育缺失、亲情关爱缺失等问题，渴望受到更好的教育，也希望充实精神文化生活。第二，缓和留守儿童问题有利于城乡均等化发展，促进社会公平。公共图书馆通过完善服务，可以增加留守儿童获取文化资源的机会，提高其生活水平，进一步推动社会的均衡发展。第三，中部地区的留守儿童数量超全国半数，相关问题尤其突出，需要特别关注。虽然留守儿童相关问题在东西部地区同样存在，但中部地区留守儿童集中，问题明显。基层公共图书馆能够深入广大农村地区近距离为留守儿童服务，提高中部地区基层公共图书馆的服务效能，为缓解相关问题提供了巨大便利。

（2）可行性

近年来，国家多部门通过多种措施保障留守儿童的健康发展，为本项目提供了实施依据。国务院组织建立农村留守儿童关爱保护和困境儿童保障工作部际联席会议制度；民政部进一步完善了关爱和保护留守儿童的相关体系并进一步加大对农村留守儿童关爱项目的购买力度；文化和旅游部在《关于进一步做好为农民工文化服务工作的意见》①中指出，要重视农村留守儿童的文化需求，加强基础设施、阅读资源、文化志愿工作方面的文化服务支持。这些政策都能够为留守儿童服务工作提供支持。

在实践方面，不少图书馆已积累了经验，能够为本项目提供借鉴。江西省会昌县图书馆推出留守儿童家庭导读服务模式，通过多种方法摸底调查儿童、老师、家长各方需求，将公共图书馆的阅读辅导服务送到留守儿童家中。这些项目从服务内容、服务机制、服务保障等方面进行了先行探索，打造出留守儿童服务的成功案例，可以借鉴。

7.4.4　项目内容

（1）专门政策

制定基层公共图书馆服务留守儿童的专门性政策，将留守儿童服务上升为基层公共图书馆的核心业务。政策制定前，通过走访调查等形式了解留守儿童的文化困境与文化需求，同时了解基层公共图书馆的服务现状与服务能力，结合实际情况制定具有可行性与针对性的政策内容。政策包含基层公共图书馆的服务保障、服务内容、服务方式、评价标准等内容，为图书馆的留守儿童服务提供依据与支持。

---

　　①　文化部　国务院农民工工作领导小组办公室　全国总工会关于进一步做好为农民工文化服务工作的意见［EB/OL］.［2020-08-25］. https://zwgk.mct.gov.cn/zfxxgkml/ggfw/202012/t2020 1205_916583.html.

（2）模式探索

探索基层公共图书馆服务留守儿童的有效模式。设立中部十省图书馆联盟，每年由国家财政直接拨款，提供专项经费支持图书馆联盟的运作。图书馆联盟参考国家公共文化服务体系示范区模式，每两年一个周期，每个周期选择一批留守儿童较多的地区作为先行探索的示范区，在示范区设立专门的基层公共图书馆留守儿童服务项目，从项目中探索适合中部地区基层公共图书馆采用的服务方式，两年之后根据一定的评估标准对示范项目进行评审验收，总结其中的先进经验并加以推广。

（3）购买项目

由国家统一拨款，政府向社会购买留守儿童服务项目。各地政府将基层公共图书馆留守儿童服务项目纳入政府购买服务指导性目录，结合当地实际做好财政预算及资金保障，健全评估机制，在科学评估之后，向社会工作专业服务机构、慈善组织、志愿服务组织等社会组织购买服务，有针对性地帮扶留守儿童。可重点购买阅读支持、技能培训、资源利用等有助于留守儿童文化教育培育类的服务。购买前应对服务项目进行深入评估，购买后对服务项目进行全面监督，确保服务能够为留守儿童真正带来好处，并对特别优秀的服务项目扩大范围推广。

（4）设立标准

为留守儿童服务资金设立一定的标准。统计各地区留守儿童的数量及流动情况，评估各地基层公共图书馆的设施建设情况、文献资源藏量、服务覆盖范围等状况，结合留守儿童的数量、图书馆的实际情况以及财政预算水平，设立一定的资金投入标准。可为每个留守儿童设立每年 200 元的标准，按标准采购适合留守儿童阅读的书刊资源与数字设备，并通过创新服务等方式确保资源能够被每位留守儿童利用。

7.4.5 实施路径

（1）政策设计

政策设计应涵盖政策的制定、执行、评估与反馈的整个过程。设计的主要目的是为基层公共图书馆的留守儿童服务提供制度保障，使该服务被重视、落实。政策制定应综合考虑中部地区留守儿童的受教育状况、文化资源利用情况、精神文化需求等，结合基层公共图书馆的服务状况，听取政界、业界、学界等多领域意见，以保障留守儿童的文化权益为宗旨，制定有针对性的政策。政策应规定基层公共图书馆的资金保障、人力保障等内容，鼓励政府购买服务以及社会力量参与留守儿童服务项目，明确相关奖惩措施与法律责任，促进图书馆实施服务项目。政策的执行、评估与反馈应实事求是，方能取得良好效果。

（2）设立中部地区图书馆联盟委员会

成立中部十省图书馆联盟，并设立中部地区图书馆联盟委员会。委员会具有决策与监督功能，负责中部地区公共图书馆的相关事务。联盟委员会吸纳不同省份、不同地区及政界、学界及其他组织等不同领域的代表，具有一定的多样性。还需建立健全委员会管理规范，通过制度规范明确委员的权利与义务。在留守儿童服务项目中，委员会负责服务示范区与服务项目的选择、服务效果的评估，并对参与的社会力量以及基层公共图书馆双方均进行监督，保障服务项目合理运行。

（3）开展示范项目

在两年的建设周期内，每个省选择两个留守儿童较多的市作为留守儿童服务示范区，每个示范区推出若干个示范项目，探索留守儿童服务模式。示范项目可在以下方面展开实践：一是结合地区特色与留守儿童的数量等实际情况制定和完善本地区留守儿童服务方案与标准；二是探索政府购买服务的实施方案与社会力量提供服务的评估方案，保障社会力量提供良好服务；三是构建留守儿童数字化服务平台，并对留守儿童进行数字设备使用技能培训，拓宽其资源获取途径。示范项目开展期间，各示范区既要关注地方特色，也要积极探索与交流，将服务内容落实到每位留守儿童身上，使其真正受惠。示范项目验收之后，应总结先进经验，形成一批具有推广价值的成果，大范围推广。

（4）设置内容

面向留守儿童设置合理的服务内容。服务内容的设置应考虑以下要素：第一，留守儿童的生活环境特点、受教育特点、个性特点及精神文化需求；第二，基层公共图书馆的设施条件、资源水平、人力多寡；第三，当地的经济社会发展水平、政府财政收入水平及对公共文化服务的资金预算水平；第四，可提供服务的社会力量的成熟程度与专业性。图书馆联盟委员会在服务内容的设置中把握总体方向。

（5）验收标准

制定验收标准，根据标准评审验收示范区基层公共图书馆的留守儿童服务项目。中部地区图书馆联盟委员会经过审慎评议，制定该验收标准。验收标准包含留守儿童服务资源保障、服务设施建设、服务活动开展、服务效能评定等几个大类，每个大类设置可量化的评价指标，每个指标给予"优秀""良好""合格"三个评价等级，验收示范项目时依据该标准进行评估。对结果为优秀的示范项目给予一定的表彰和推广。

7.4.6　保障条件

（1）资金保障

国家通过财政投入为中部地区基层公共图书馆留守儿童服务提供资金保障。对于示范项目，按建设周期拨付一定经费，支持示范项目的运作开展；

对于广大中部地区的所有基层公共图书馆，财政部门要拨付一定经费，保证留守儿童的日常服务；对于中部地区约 400 万的留守儿童，按每个儿童每年 200 元的标准，约拨付 8 亿元，将这笔专项资金用于留守儿童的书刊资源与服务购买，并设立对应的监督机制。

（2）政策保障

政府制定专门政策并开展调研工作，以提供留守儿童服务项目的实施依据。民政部、文化和旅游部为政策的主要支持部门，制定专门政策，各级政府与文化主管部门根据本地实际情况制订相关的实施方案，并着力推进政策和方案的落实。在政府购买服务与社会力量参与方面，也应制定相应的规范，使得各项工作有法可依。

（3）人力保障

留守儿童服务项目的顺利实施需要有人力保障。首先，通过择优选拔等方式保障服务留守儿童的人才数量；其次，通过培训学习、组织交流、馆员互派等方式为人才提供大量的学习成长机会，不断提高人才的专业水平与实践能力；最后，通过表彰奖励、职位晋升等方式激励人才不断进取，为留守儿童服务项目提供持续性的人力保障。

附　录

附录1　中部地区基层公共图书馆发展情况调查问卷

中部地区基层公共图书馆发展情况调查问卷（市级图书馆）

亲爱的图书馆同人：

您好！为支持我国公共文化领域"十四五"规划的制订工作，武汉图书馆和中山大学特组建联合课题组，以了解中部地区基层公共图书馆的发展情况，获取研究所必需的真实数据和资料，促进中部地区基层公共图书馆"崛起"。现诚邀您填写本调查问卷，特此致谢！

请于2020年8月24日前填妥并发送至以下邮箱：××@××

如问卷填写过程中有相关问题，请联系：×××，电话：××××××××××××

图书馆名称		所在城市		所属级别		直辖市□　副省级□ 地市级□　县级□
官网地址						
填报人		联系电话				

第一部分　数据统计

填表说明：1. 统计口径以"指标统计说明"中的解释为准。

2. 本表以"万"为单位的指标，数据统一保留到小数点后两位。

3. 本表的统计时间段为 2019 年全年度。

本调查主要分为单馆和总分馆两种数据，其中"单馆数据"指填写本问卷的单一图书馆数据，"总分馆数据"指由填写本问卷的图书馆担当中心馆或总馆的总分馆体系数据。由于每个城市或地区的总分馆体系情况不同，请填写者在填表前先回答以下问题：

（1）总分馆体系包含分馆 _____（个），其中县级分馆 _____（个），基层分馆（街道、乡镇、村）_____（个），其他类型（如社会力量合建分馆）_____（个）

（2）贵馆的总分馆体系，在总馆和分馆之间，实现了（如有请打钩）：

□ 统一编目；□ 统一配送；□ 通借通还；□ 统一服务规则；□ 统一标志；□ 其他 _____

（3）关于您所在区域的总分馆体系，其他需要说明的内容：

_____

_____

_____

_____

表 A　服务效能与保障条件评价（市级图书馆）

项目	指标	数据	指标统计说明
服务效能	本馆（单馆）读者到馆总人次／人次		图书馆一年内接待公众访问的次数。可通过入口自动计数系统统计年度接待访问量。无自动计数系统的图书馆，可按照传统的"总流通人次"计算方法进行统计，即本年度内到图书馆接

项目	指标	数据	指标统计说明
			受服务的总人次，包括借阅书刊、咨询问题以及参加各类读者活动的读者总量，同时需在数据下方注明
	总分馆读者到馆总人次／人次		参考单馆指标，含已经纳入本市总分馆体系的总馆、分馆以及服务点的总计数据
	本馆（单馆）年文献外借量／册次		图书馆一年内外借实体馆藏总册次
	总分馆年文献外借量／册次		参考单馆指标，含已经纳入本市总分馆体系的总馆、分馆以及服务点的总计数据
	本馆（单馆）有效注册用户数／人		图书馆累计有效注册用户（读者证已激活使用且状态为有效）的数量
	总分馆有效注册用户数／人		参考单馆指标，含已经纳入本市总分馆体系的总馆、分馆以及服务点的总计数据
	本馆（单馆）举办读者活动场次／场次		一年内图书馆举办的各类读者活动（包括讲座、展览、读者培训、阅读推广及其他活动）的数量
	总分馆举办读者活动场次／场次		参考单馆指标，含已经纳入本市总分馆体系的总馆、分馆以及服务点的总计数据
	本馆（单馆）读者活动参与人次／人次		一年内参与图书馆举办的读者活动（包括讲座、展览、读者培训、阅读推广及其他活动）的总人次
	总分馆读者活动参与人次／人次		参考单馆指标，含已经纳入本市总分馆体系的总馆、分馆以及服务点的总计数据
	本馆（单馆）年数字阅读量／篇（册）次		用户在馆内或远程下载、浏览的图书馆自建、自购数据库文献或资料（仅含全文，不含摘要）的篇（册）次

续表

项目	指标	数据	指标统计说明
	总分馆年数字阅读量/篇（册）次		参考单馆指标，含已经纳入本市总分馆体系的总馆、分馆以及服务点的总计数据
	本馆（单馆）网站访问量/次		本年度图书馆网站中所有网页（含文件及动态网页）被访客浏览的总次数，图书馆网站指有独立域名的 web 站点
	总分馆网站访问量/次		参考单馆指标，含已经纳入本市总分馆体系的总馆、分馆以及服务点的总计数据
保障条件	本馆（单馆）年财政拨款总额/万元		一个完整财政年内为完成图书馆各项任务而投入的经费总额，包括图书馆当年的文献购置费、运行费、人员经费、专项经费等全部拨款，不含新馆建设及装修经费
	总分馆年财政拨款总额/万元		参考单馆指标，含已经纳入本市总分馆体系的总馆、分馆以及服务点的总计数额
	本馆（单馆）年文献购置费/万元		一个完整财政年内用于购置各类型文献信息（含电子资源）的经费之和
	总分馆年文献购置费/万元		参考单馆指标，含已经纳入本市总分馆体系的总馆、分馆以及服务点的总计数额
	本馆（单馆）年数字资源购置费/万元		一个完整财政年内用于购置电子资源的经费
	总分馆年数字资源购置费/万元		参考单馆指标，含已经纳入本市总分馆体系的总馆、分馆以及服务点的总计数额

项目	指标	数据	指标统计说明
	本馆（单馆）实体文献馆藏量 / 万册（件）		本馆已入藏的图书（含古籍）、期刊和报纸的合订本、小册子、手稿，以及缩微制品、录像带、录音带、光盘等视听资料数量之和。不含电子文献数量（电子文献的概念与第六次公共图书馆评估定级一致，主要包括电子图书、期刊和报纸，下同）
	总分馆实体文献馆藏量 / 万册（件）		参考单馆指标，含已经纳入本市总分馆体系的总馆、分馆以及服务点的总计数据
	本馆（单馆）建筑面积 / 万平方米		有独立馆舍的馆舍总面积
	总分馆建筑面积 / 万平方米		参考单馆指标，含已经纳入本市总分馆体系的总馆、分馆以及服务点的总计数据
	本馆（单馆）编制内员工数量 / 人		本馆的在编员工数量之和
	总分馆编制内员工数量 / 人		参考单馆指标，含已经纳入本市总分馆体系的总馆、分馆以及服务点的总计数据
	本馆（单馆）编制外员工数量 / 人		本馆的编外员工数量之和
	总分馆编制外员工数量 / 人		参考单馆指标，含已经纳入本市总分馆体系的总馆、分馆以及服务点的总计数据

中部地区基层公共图书馆发展情况调查问卷（县级图书馆）

亲爱的图书馆同人：

您好！为支持我国公共文化领域"十四五"规划的制订工作，武汉图书馆和中山大学特组建联合课题组，以了解中部地区基层公共图书馆的发展情况，获取研究所必需的真实数据和资料，促进中部地区基层公共图书馆"崛起"。现诚邀您填写本调查问卷，特此致谢！

请于 2020 年 8 月 24 日前填妥并发送至以下邮箱：××@××

如问卷填写过程中有相关问题，请联系：×××，电话：××××××

×××××

图书馆名称		所在城市		官网地址	
填报人		联系电话			

第一部分　数据统计

填表说明：1.统计径口以"指标统计说明"中的解释为准。

　　　　　2.本表以"万"为单位的指标，数据统一保留到小数点后两位。

　　　　　3.本表的统计时间段为 2019 年全年度。

本调查主要分为单馆和总分馆两种数据，其中"单馆数据"指填写本问卷的单一图书馆数据，"总分馆数据"指由填写本问卷的图书馆担当中心馆或总馆的总分馆体系数据。由于每个城市或地区的总分馆体系情况不同，请填写者在填表前先回答以下问题：

（1）总分馆体系包含分馆＿＿＿＿＿＿（个），其中街道分馆＿＿＿＿＿（个），乡镇分馆＿＿＿＿＿＿（个），乡（社区）分馆＿＿＿＿＿＿（个），其他类型（如社会力量合建分馆）＿＿＿＿＿＿（个）

（2）贵馆的总分馆体系，在总馆和分馆之间，实现了（如有请打钩）：

□统一编目；□统一配送；□通借通还；□统一服务规则；□统一标志；□其他＿＿＿＿＿＿＿＿＿＿＿＿＿＿＿＿＿＿＿＿＿＿＿

（3）关于您所在区域的总分馆体系，其他需要说明的内容：

＿＿＿＿＿＿＿＿＿＿＿＿＿＿＿＿＿＿＿＿＿＿＿＿＿＿＿＿＿＿＿

＿＿＿＿＿＿＿＿＿＿＿＿＿＿＿＿＿＿＿＿＿＿＿＿＿＿＿＿＿＿＿

＿＿＿＿＿＿＿＿＿＿＿＿＿＿＿＿＿＿＿＿＿＿＿＿＿＿＿＿＿＿＿

＿＿＿＿＿＿＿＿＿＿＿＿＿＿＿＿＿＿＿＿＿＿＿＿＿＿＿＿＿＿＿

表 B 服务效能与保障条件评价（县级图书馆）

项目	指标	数据	指标统计说明
服务效能	本馆（单馆）读者到馆总人次 / 人次		图书馆一年内接待公众访问的次数。可通过入口自动计数系统统计年度接待访问量。无自动计数系统的图书馆，可按照传统的"总流通人次"计算方法进行统计，即本年度内到图书馆接受服务的总人次，包括借阅书刊、咨询问题以及参加各类读者活动的读者总量，同时需在数据下方注明
	总分馆读者到馆总人次 / 人次		参考单馆指标，含已经纳入本县（市、区）总分馆体系的总馆、分馆以及服务点的总计数据
	本馆（单馆）年文献外借量 / 册次		图书馆一年内外借实体馆藏总册次
	总分馆年文献外借量 / 册次		参考单馆指标，含已经纳入本县（市、区）总分馆体系的总馆、分馆以及服务点的总计数据
	本馆（单馆）有效注册用户数 / 人		图书馆累计有效注册用户（读者证已激活使用且状态为有效）的数量
	总分馆有效注册用户数 / 人		参考单馆指标，含已经纳入本县（市、区）总分馆体系的总馆、分馆以及服务点的总计数据

续表

项目	指标	数据	指标统计说明
	本馆（单馆）举办读者活动场次/场次		一年内图书馆举办的各类读者活动（包括讲座、展览、读者培训、阅读推广及其他活动）的数量
	总分馆举办读者活动场次/场次		参考单馆指标，含已经纳入本县（市、区）总分馆体系的总馆、分馆以及服务点的总计数据
	本馆（单馆）读者活动参与人次/人次		一年内参与图书馆举办的读者活动（包括讲座、展览、读者培训、阅读推广及其他活动）的总人次
	总分馆读者活动参与人次/人次		参考单馆指标，含已经纳入本县（市、区）总分馆体系的总馆、分馆以及服务点的总计数据
	本馆（单馆）年数字阅读量/篇（册）次		用户在馆内或远程下载、浏览的图书馆自建、自购数据库文献或资料（仅含全文，不含摘要）的篇（册）次
	总分馆年数字阅读量/篇（册）次		参考单馆指标，含已经纳入本县（市、区）总分馆体系的总馆、分馆以及服务点的总计数据
	本馆（单馆）网站访问量/次		本年度图书馆网站中所有网页（含文件及动态网页）被访客浏览的总次数，图书馆网站指有独立域名的 web 站点
	总分馆网站访问量/次		参考单馆指标，含已经纳入本县（市、区）总分馆体系的总馆、分馆以及服务点的总计数据
保障条件	本馆（单馆）年财政拨款总额/万元		一个完整财政年内为完成图书馆各项任务而投入的经费总额，包括图书馆当年的文献购置费、运行费、人员经费、专项经费等全部拨款，不含新馆建设及装修经费
	总分馆年财政拨款总额/万元		参考单馆指标，含已经纳入本县（市、区）总分馆体系的总馆、分馆以及服务点的总计数额

项目	指标	数据	指标统计说明
	本馆（单馆）年文献购置费/万元		一个完整财政年内用于购置各类型文献信息（含电子资源）的经费之和
	总分馆年文献购置费/万元		参考单馆指标，含已经纳入本县（市、区）总分馆体系的总馆、分馆以及服务点的总计数额
	本馆（单馆）年数字资源购置费/万元		一个完整财政年内用于购置电子资源的经费
	总分馆年数字资源购置费/万元		参考单馆指标，含已经纳入本县（市、区）总分馆体系的总馆、分馆以及服务点的总计数额
	本馆（单馆）实体文献馆藏量/万册（件）		本馆已入藏的图书（含古籍）、期刊和报纸的合订本、小册子、手稿，以及缩微制品、录像带、录音带、光盘等视听资料数量之和。不含电子文献数量（电子文献的概念与第六次公共图书馆评估定级一致，主要包括电子图书、期刊和报纸）
	总分馆实体文献馆藏量/万册（件）		参考单馆指标，含已经纳入本县（市、区）总分馆体系的总馆、分馆以及服务点的总计数据
	本馆（单馆）建筑面积/万平方米		有独立馆舍的馆舍总面积
	总分馆建筑面积/万平方米		参考单馆指标，含已经纳入本县（市、区）总分馆体系的总馆、分馆以及服务点的总计数据
	本馆（单馆）编制内员工数量/人		本馆的在编员工数量之和
	总分馆编制内员工数量/人		参考单馆指标，含已经纳入本县（市、区）总分馆体系的总馆、分馆以及服务点的总计数据

续表

项目	指标	数据	指标统计说明
	本馆（单馆）编制外员工数量 / 人		本馆的编外员工数量之和
	总分馆编制外员工数量 / 人		参考单馆指标，含已经纳入本县（市、区）总分馆体系的总馆、分馆以及服务点的总计数据

附录 2　中部六省图书馆政策分析报告（部分）

1　河南省

1.1　《河南省推进基层综合性文化服务中心建设实施方案》（2016 年 6 月 27 日发布）

河南省人民政府办公厅发布《河南省推进基层综合性文化服务中心建设实施方案》，进一步贯彻《国务院办公厅关于推进基层综合性文化服务中心建设的指导意见》精神，在全省范围内开展基层综合性文化服务中心建设，整合河南省基层公共文化资源并加以充分利用，加强对基层公共文化设施的建设、管理，努力提高服务效能[①]。

该方案包括总体要求、功能定位、主要任务、时间安排及保障措施等五部分。其提出了"坚持导向，服务大局""以人为本，对接需求""统筹规划，共建共享""因地制宜，分类指导""改革创新，提高效能"的基本原则，对设施建设、服务内容、基层公共文化运行管理机制的创新和发展做出了任务部署。

该方案提及了基层综合性文化服务中心的功能定位、设施建设、服务内容及方式、制度管理、经费保障、队伍建设、检查监督等多方面的内容。其中，方案提出基层综合性文化服务中心需整合和提供各级各类面向基层的公共文化资源：统筹现有的文化活动室、文化活动中心、综合文化站资源，促

---

① 河南省人民政府办公厅关于印发河南省推进基层综合性文化服务中心建设实施方案的通知［EB/OL］.［2020-07-09］. https://www.henan.gov.cn/2016/07-26/248074.html.

进人力、资金、设施等资源的高效利用；共建共享文化信息资源，提供公共数字文化服务；在县域内共建共享公共图书馆和文化馆资源，促进服务一体化，在基层综合性文化服务中心设立公共图书馆、文化馆服务点；基层综合性文化服务中心加强对农家书屋的管理和使用等。

作为建设基层综合性文化服务中心的战略部署和行动指南，该文件落实了十八届三中全会和《关于加快构建现代公共文化服务体系的意见》精神，促进了基层公共文化服务体系建设，对全面建成小康社会、建成文化强省、改善民生具有重要意义。

1.2 《河南省现代公共文化服务体系建设绩效考核办法（试行）》（2018年7月30日发布）

河南省人民政府办公厅发布《河南省现代公共文化服务体系建设绩效考核办法（试行）》，进一步贯彻落实《中华人民共和国公共文化服务保障法》和《关于加快构建现代公共文化服务体系的意见》等文件精神，致力于现代公共文化服务效能的提升[①]。

该办法规定了河南省现代公共文化服务体系建设的考核对象、原则、内容、步骤、方法等。其中，围绕"政府主导、突出重点、客观公正、奖优罚劣"的基本原则，该办法要求对公共数字文化服务点、农家（职工）书屋、乡镇（街道）和村（社区）基层综合性文化服务中心、图书馆、文化馆（站）建设进行考核以及强化保障组织、财政、队伍建设、人才培训等。

该办法为河南省现代公共文化服务体系绩效考核工作的开展提供了依据。通过绩效考核，河南省可进一步压紧压实各级政府主体责任，调动相关职能部门和社会力量参与的积极性，推动各项工作落地落实，确保高标准、高质

---

① 河南省人民政府办公厅.河南省人民政府办公厅关于印发河南省现代公共文化服务体系建设绩效考核办法（试行）的通知[EB/OL].[2020-08-19]. http://www.henan.gov.cn/2018/07-30/666170.html.

量完成中央和省委、省政府关于现代公共文化服务体系建设的各项要求。

1.3 《河南省县级文化馆图书馆总分馆制建设基本标准》（2019年7月5日发布）

为整合有效资源，推动优质文化资源向基层倾斜和延伸，河南省制定了《河南省县级文化馆图书馆总分馆制建设基本标准》[①]。

标准共7章20条，提出了县级图书馆总分馆制建设的目标、原则，并对其建设模式、责任主体、运行管理、服务标准等提出了相关规定。该标准明确了"布局合理、强化基层、分级管理、资源共享"的原则，并提出政府可鼓励有条件的地区在总分馆制建设过程中尝试经费、人员、服务等方面的垂直管理。

此外，标准的第十八、十九条分别针对乡镇（街道）图书馆分馆、基础服务点的建筑面积、开放时间、文化活动场数、培训次数、图书数量等提出了具体的要求，如第十八条提出"乡镇（街道）文化馆分馆和图书馆分馆一般依托乡镇（街道）综合文化站（文化中心）现有馆舍建设，面积均不少于40平方米，工作人员均不少于1名，每周开放时间不少于42小时，能提供公共数字文化服务。文化馆分馆累计每年开展群众性文化活动不少于24次，公益性培训不少于12次。图书馆分馆纸质图书不少于3000册，其中适合少年儿童的读物不少于总量的三分之一，累计每年开展全民阅读活动（包括讲座、读书会、阅读推广等）不少于6次，公益性培训不少于12次"。

该标准的发布对县级文化馆图书馆总分馆制建设工作提供了统一的规范。该文件对资金、设施配置等标准进行统一，有利于馆内人力、资金、服务等资源的有效整合及优化配置，促进公共文化资源的合理利用，有效提升文化服务的整体效果。

---

① 河南省文化和旅游厅.河南省文化和旅游厅关于印发河南省县级文化馆图书馆总分馆制建设基本标准的通知[EB/OL].[2020-08-19]. http://www.yyxtsg.com/gonggao/289.html.

2 湖北省

2.1 《关于加快构建现代公共文化服务体系的实施意见》（2016 年 1 月 9 日发布）

湖北省发布《关于加快构建现代公共文化服务体系的实施意见》，进一步贯彻《关于加快构建现代公共文化服务体系的意见》精神，致力于为人民群众提供高质量的公共文化服务①。

该实施意见提出了一个发展目标和六项重要任务，明确了到 2020 年"全省公共文化服务整体水平优于、高于中部各省，走在全国前列"的发展目标。

其中，该实施意见强调要建立基本公共文化服务标准体系，提出由政府主导标准体系建设，要求各市（州）、县（市、区）贯彻上级指示，形成科学的实施方案，明晰落实举措、时间规划和工作安排，全面贯彻落实标准要求，并通过绩效跟踪评价保障绩效目标的顺利实现。

作为湖北省率先顺利发布的现代公共文化服务体系的政策保障，该文件全面部署了现代公共文化服务体系的构建，公共文化服务的标准化、均等化、社会化，公共文化产品和服务供给水平的提升，保障人民群众基本文化权益等相关工作。

2.2 《湖北省人民政府办公厅关于推进基层综合性文化服务中心建设的实施意见》（2016 年 11 月 28 日发布）

湖北省出台《湖北省人民政府办公厅关于推进基层综合性文化服务中心建设的实施意见》，围绕《国务院办公厅关于推进基层综合性文化服务中心

---

① 中共湖北省委,湖北省人民政府. 中共湖北省委办公厅、湖北省人民政府办公厅印发《关于加快构建现代公共文化服务体系的实施意见》的通知［EB/OL］.［2020-07-29］. https://www.pkulaw.com/lar/17948945.html?isFromV5=1.

建设的指导意见》精神，立足全省实际情况推进基层综合性文化服务中心建设^①。

　　该实施意见明确了湖北省基层综合性文化服务中心建设的指导思想、基本原则、工作目标，并提出了五项重大建设任务。其中，意见提出"围绕我省'十三五'发展'率先、进位、升级、奠基'总体目标，因地制宜推进基层综合性文化服务中心建设，为湖北加快建成文化强省奠定坚实基础，为湖北在中部地区率先全面建成小康社会提供精神动力和文化条件"的指导思想，并提出要"形成一批立得住、叫得响的文化活动品牌"的工作目标。

　　此外，该实施意见还提出扶持群众文化团队、创建示范区进行试点后推广试点经验等意见。文件第十四条提到"乡镇（街道）综合文化服务中心建立各类群众文化团队不少于 3 支；村（社区）综合文化服务中心建立群众文化团队不少于 1 支"及"百团千队万能人"扶持工程、"荆楚农村基层文化骨干培训计划"、"湖北省百佳社会文艺团队"等资助计划，鼓励建立一批有文化传统和文化活力的群众文化团队。文件第十九条提到要进行科学部署，要求"国家和省级公共文化服务体系示范区创建城市要率先试点并推广试点经验"。

　　该文件的出台进一步统筹协调了基层公共文化资源，基层公共文化设施建设、管理和服务水平显著提升，解决了公共文化服务的"最后一公里"问题。

2.3　《湖北省公共文化服务保障条例》（2018 年 11 月 19 日发布）

　　湖北省第十三届人大常务委员会第六次会议通过《湖北省公共文化服务保障条例》，进一步完善公共文化服务，保障群众享受文化服务的权益^②。

---

　　①　湖北省人民政府办公厅.湖北省人民政府办公厅关于推进基层综合性文化服务中心建设的实施意见[J].湖北省人民政府公报,2017（5）:9-14.

　　②　湖北省公共文化服务保障条例[EB/OL].[2020-08-20]. http://wlt.hubei.gov.cn/bmdt/mtjj/201911/t20191121_1363318.shtml.

该条例共 7 章 50 条，对公共文化设施、公共文化产品和活动、公共文化服务等建设工作及其相关保障措施提出了一定的要求。

其中，该条例提出要对公共文化设施、文化产品供给、公共文化服务质量三个主要方面进行加强和完善。该条例规定：第一，湖北省各级人民政府依据省人民政府制定的公共文化设施建设专项规划，从当地实际需求和文化特色出发建设公共文化设施。第二，对于农村地区和革命老区、民族地区、贫困地区，湖北省县级以上人民政府应当加大对其公共文化服务工作的支持力度，同时各级人民政府要扶助贫困地区的公共文化建设，增加贫困地区公共文化产品供给，丰富贫困地区文化活动。湖北省各级人民政府应当组织实施农村公共文化服务惠民工程，为农村居民提供免费的公共文化服务。第三，各级图书馆、文化馆等单位积极推动在基层、其他行业和部门建立服务点，扩大服务范围，让民众享受公益性、基本性、均等性、便利性的公共文化服务。

该条例贯彻落实了《中华人民共和国公共文化服务保障法》之精神，对加快构建现代公共文化服务体系建设、保障人民群众的基本文化权益具有重要意义。

3　山西省

3.1　《山西省新闻出版广电局、山西省财政厅关于做好全省农家书屋出版物补充更新工作的通知》（2015 年 5 月 15 日发布）

为切实做好农家书屋出版物补充更新和使用工作，山西省新闻出版广电局、山西省财政厅结合本省实际情况发布了《山西省新闻出版广电局、山西省财政厅关于做好全省农家书屋出版物补充更新工作的通知》①。

---

①　山西省新闻出版广电局、山西省财政厅关于做好全省农家书屋出版物补充更新工作的通知[EB/OL].[2020-07-29]. http://pcsp.library.sh.cn/notice.aspx?sid=3212.

该通知分成六部分：农家书屋出版物更新的资金用途、出版物的选取、实施方式、实施项目、工作要求及相关报表。

其中，该文件用具体数字、比例对农家书屋的补助资金数额及出版物补充更新工作进行限制，并提及了山西省在数字农家书屋建设方面的空白。该文件对财政分布进行了规定："农家书屋专项补助资金数额为每个农家书屋每年2000元，其中，中央补助资金1000元，省、市、县地方财政配套1000元，省、市、县按4∶3∶3比例配套。"除此之外，还对出版物选取进行了规定："国家新闻出版广电总局《推荐目录》列入的品种和数量比例不低于50%，本省出版物的总体比例不超过30%……每个书屋补充图书不少于60种；报刊类出版物的采购金额不得超过采购总额的20%。"该文件还要求农家书屋严格按照财政部《中央补助地方农村文化建设专项资金管理暂行办法》和国家新闻出版广电总局、财政部、文化部《关于做好农家书屋出版物补充更新和使用工作的通知》等规定执行出版物补充更新工作。

该文件落实了乡村振兴战略要求，为广大农村地区的阅读问题提供了解决方案，以精神和智力支持推动实现中华民族伟大复兴中国梦。

3.2 《山西省"十三五"文化强省规划》（2016年12月19日发布）

为在"十三五"时期进一步推动山西省的文化强省建设，山西省人民政府正式出台《山西省"十三五"文化强省规划》①。

该文件列出了到2020年山西省文化强省所要达到的目标，部署了九大重要任务，并提出了相应的保障措施，即"建成具有较强综合实力的国际知名、国内一流的文化强省"的目标，以及构建现代公共文化服务体系等九项任务。

其中，该文件的多个专栏都提到了与县级图书馆相关的项目：第一，县

---

① 山西省人民政府.山西省人民政府关于印发山西省"十三五"文化强省规划的通知[EB/OL].[2020-07-30]. http://www.shanxi.gov.cn/sxszfxxgk/sxsrmzfzcbm/sxszfbgt/flfg_7203/szfgfxwj_7205/201612/t20161202_263167.shtml.

级文化设施达标工程。引导支持 50 个县（市、区）开展未达标公共图书馆、文化馆标准化建设，实现基本公共文化设施全面达标。第二，文化设施建设拓展工程。地方各级财政结合实际需要及自身财力，资助市、县级公共博物馆、公共图书馆、文化馆、公共美术馆、剧院（场）等公共文化服务机构的维修改造、设备购置。第三，流动文化建设工程。为县级公共图书馆、文化馆等基层文化机构配送流动文化服务车，实现贫困县公共图书馆和文化馆流动图书车、流动文化服务车配送全覆盖。开展总分馆服务和流动下乡服务。

该文件结合实际制定了建设文化强省的实施规划和具体举措，并提出了具体项目和工程，对促进文化建设、实现建设文化强省的目标和全面建设小康社会都有着重要意义。

3.3 《山西省"十三五"文化改革发展规划》（2017 年 1 月 10 日发布）

为深入适应新时期的形势、任务和要求，进一步深化改革文化体制，促进社会主义文化的繁荣发展[①]，山西省发布《山西省"十三五"文化改革发展规划》。

该规划简述了山西省的文化发展概况及面临的机遇和挑战，提出了下一阶段文化改革发展的指导思想、总体要求和主要目标，并部署了八大任务，提出了相应的实施与保障措施。规划提出，到 2020 年山西省将基本建立现代公共文化服务体系，实现由文化资源大省向文化强省的转变。此外，该文件还提出了推进公共文化服务标准化、均等化及进一步扩大文化交流、实施文化精准脱贫攻坚等八大任务。

此外，该文件提到要完善乡镇（街道）综合性文化设施，实现 43 个贫困县公共图书馆、文化馆基本达标，还明确提出了多个项目，促进实现公共图书馆体系在省域范围实现全覆盖。

---

① 山西省"十三五"文化改革发展规划［EB/OL］.［2020-07-30］. http://wlt.shanxi.gov.cn/zwgk/fzjs/fzjs1/202110/t20211021_2789152.shtml.

该文件贯彻了党的十八届五中全会精神，落实了《文化部"十三五"时期文化改革发展规划》精神，是指导全省文化系统"十三五"时期改革发展的总体规划。该文件从山西省文化发展的现实需要出发，对各项工作进行了明确的规划部署，多角度深化文化体制改革，加快推动该省文化的改革发展。

3.4 《山西省推进基层综合性文化服务中心建设实施方案》（2017 年 4 月 10 日发布）

山西省人民政府办公厅印发《山西省推进基层综合性文化服务中心建设实施方案》的通知，进一步贯彻落实《国务院办公厅关于推进基层综合性文化服务中心建设的指导意见》，切实保障群众基本文化权益[①]。

该方案共分为总体目标要求、主要任务、阶段目标及保障措施四大部分。第一部分明确了基层综合性文化服务中心建设的总体目标要求；第二部分部署了建设中的四项主要任务——规范基础建设、明确功能定位、丰富内容形式、创新运行管理；第三部分提出了实施步骤中各阶段需要完成的目标；第四部分从领导、资金、队伍等多角度提出了相应的保障措施。

该方案从基础建设、功能定位、服务内容形式、运行管理、保障措施等方面都对基层综合性文化服务中心提出了一定的要求。如方案于"规范基层建设"部分提出，要对基层综合性文化设施进行合理规划，严格落实乡镇（街道）综合文化站的建设标准，集合建设村（社区）综合文化服务中心，并拓展和完善户外配套设施；于"明确功能定位"部分提出要整合公共资源，提供多样化的基本公共服务；于"丰富内容形式"部分提出要创新服务方式、拓宽公共文化服务渠道；于"创新运行管理"部分提出要落实各部门的责任、

---

① 山西省人民政府办公厅.山西省人民政府办公厅关于印发《山西省推进基层综合性文化服务中心建设实施方案》的通知[EB/OL].[2020-07-29]. http://pcsp.library.sh.cn/notice.aspx?sid= 13136.

推广总分馆模式；于"保障措施"部分提出要强化资金保障、加强队伍建设等。

该方案全面部署了山西省推进基层综合性文化服务中心建设的相关工作，有利于加强基层公共文化服务体系建设，推进文化强省建设，提高人民生活水平。

3.5 《2020 年全省公共文化领域重点改革任务推进方案》(2020 年 3 月 30 日发布)

山西省发布《2020 年全省公共文化领域重点改革任务推进方案》，为按时保质完成公共文化领域县级文化馆图书馆总分馆制建设、基层综合性文化服务中心建设等重点改革任务提供了政策保障。

该方案分为总体目标、重点任务、实施阶段、工作要求四个部分，并附有"全省公共文化领域重点改革任务统计表"[①]。

文件明确指出了到 2020 年底需完成的公共文化建设目标及任务，针对实施阶段进行了详细规划。总体目标为"到 2020 年底，全省县级文化馆图书馆总分馆制建设、基层综合性文化服务中心建设达标率均不低于 90%"；重点任务为"2020 年底，全省将累计完成县级文化馆总分馆制建设 107 个，县级图书馆总分馆制建设 106 个……基层综合性文化服务中心建设 20588 个，基本公共文化服务标准化建设（出台服务目录）市级 11 个、县级 117 个"。此外，文件还特别强调了"要严格工作标准，坚持结果导向，务求实效。坚决杜绝'挂牌即可'、'制度上墙即可'，对各阶段存在的问题和薄弱环节进行务实的分析研判，抓主要矛盾，有的放矢，提出可行性改进意见建议和举措。真正实现资源科学统筹、管理高效规范、服务全面提升"的工作要求。

---

① 山西省文化和旅游厅.山西省文化和旅游厅关于印发《2020 年全省公共文化领域重点改革任务推进方案》的通知[EB/OL].[2020-08-19]. http://wlt.shanxi.gov.cn/sitefiles/sxzwcms/html/xwzx/tzgg/33751.shtml.

4　湖南省

4.1 《中共湖南省委办公厅　湖南省人民政府办公厅关于加快构建现代公共文化服务体系的实施意见》（2015 年 9 月 29 日发布）

近年来，尽管湖南省公共文化服务体系建设取得了一定成果，但这些成就仍然不能完全适应当前经济社会的发展水平，不能完全满足人民群众日益增长的精神文化需求。对此，湖南省委从本省发展情况出发，根据中共中央办公厅、国务院办公厅印发的《关于加快构建现代公共文化服务体系的意见》提出了加快构建湖南省现代公共文化服务体系的实施意见[①]。

该实施意见在内容上既落实、学习了中共中央办公厅、国务院办公厅印发文件的重要精神，同时又融入了一定的湖南特色。该实施意见提出，要推进城乡基本公共文化服务均衡发展，强调"完善农家书屋、职工书屋出版物补充更新机制，将入选全国农家书屋年度重点出版物推荐目录的省内图书、报刊和电子音像制品纳入政府定点采购范围，实行定期配送……建立公共文化服务城乡联动机制，以县级文化馆、图书馆为中心推进总分馆制建设，加强对农家书屋、职工书屋的统筹管理使用，实现农村、城市社区公共文化服务资源整合和互联互通"。

为了贯彻落实党的十八大和十八届三中、四中全会精神以及习近平总书记系列重要讲话精神，进一步推进全面建成小康社会进程，湖南省致力于构建具有中国特色和湖南特点的现代公共文化服务体系。该实施意见的出台将为全省经济社会发展提供强大的精神和文化支撑，促进湖南省标准化、均等化的基本公共文化服务体系建设，繁荣发展社会主义文化，提高全民族文化

---

① 中共湖南省委办公厅　湖南省人民政府办公厅关于加快构建现代公共文化服务体系的实施意见[EB/OL].[2020-08-07]. http://www.hunan.gov.cn/szf/hnzb/2015/2015nd21q/swbgt_99033/201511/t20151120_4701572.html.

素质，增强民族凝聚力。

4.2 《湖南省文化厅"十三五"时期文化发展规划》（2016 年 10 月 18 日发布）

2016 年，围绕"十三五"时期全面建成小康社会的阶段任务，湖南省文化厅制订了未来五年文化改革发展总体规划，贯彻落实党和国家文化发展方针政策及省委省政府的文化强省战略[①]。

该文件从指导思想、发展目标上与党和中央的重要文件精神保持高度一致。同时，该文件也从本省实际出发，因地制宜地做出部署，引领湖南文化事业全面繁荣发展。该文件提出政府要继续加大对公共文化设施建设的投入，为文化设施建设优化投资环境，"到 2020 年，基本建成以省级文化设施为龙头，市州文化设施为骨干，县、乡镇（街道）、村（社区）基层文化设施为基础，布局合理、设施完善、功能健全、和谐发展的公共文化设施体系"。该文件强调推进市州级公共文化设施建设，具体包括：推进株洲市图书馆的建设，完成湘潭市图书馆新馆建设，改扩建岳阳市少年儿童图书馆，完成市图书馆各功能区划建设；新建益阳市图书馆新馆、群艺馆新馆；完成张家界市图书馆、博物馆建设；新建湖南昆剧团五岭歌舞剧场，改扩建市图书馆。该文件还强调参照国家规划及标准，对全省未达标的县级公共图书馆和县级文化馆进行新建和改扩建。

该文件贯彻落实《国务院办公厅关于推进基层综合性文化服务中心建设的指导意见》，在全面建成小康社会的决胜阶段对湖南省稳步提高基本公共文化服务标准化、均等化水平，构建覆盖城乡、便捷高效的现代公共文化服务体系具有重大作用。

---

① 湖南省文化厅"十三五"时期文化发展规划[EB/OL].[2020-08-07]. http://www.hunan. gov.cn/xxgk/fzgh/201611/t20161130_4902831.html.

4.3 《关于推进县级文化馆图书馆总分馆制建设的实施意见》（2017 年 6 月 19 日发布）

2017 年，湖南省人民政府提出了关于推进县级文化馆图书馆总分馆制建设的实施意见，进一步贯彻落实《关于推进县级文化馆图书馆总分馆制建设的实施意见》，在县域范围内促进公共文化资源共建共享，提升公共文化服务效能，推动县级文化馆、图书馆总分馆制建设[①]。

该文件的内容充分体现了我国发展基层公共文化事业的决心。该文件要求各地基于实际情况综合考虑当地经济社会发展水平、自然条件、人口分布等因素，合理确定总分馆的布局和规模以及建设内容；同时，要求国家公共文化服务体系示范区（长沙市、岳阳市）、国家公共文化服务体系示范区创建城市（株洲市）和省级现代公共文化服务体系示范创建区要把总分馆建设纳入创建内容，作为重点任务，加大建设力度，在 2018 年前率先完成建设目标。

图书馆应当是一个完整的组织体系。该文件的出台使得图书馆转变为一个组织体系和服务体系，全面的合理布局促进了图书馆资源的优化配置，提高了基层图书馆的管理和服务水平，有利于基层图书馆的高效运行和持续发展[②]。

4.4 《基本公共服务领域省与市县共同财政事权和支出责任划分改革方案》（2019 年 4 月 16 日印发）

湖南省人民政府办公厅制定出台《基本公共服务领域省与市县共同财政

---

① 湖南省文化厅办公室.关于推进县级文化馆图书馆总分馆制建设的实施意见［EB/OL］.［2020-08-07］. https://whhlyt.hunan.gov.cn/whhlyt/xxgk2019/xxgkml/zcwj/zcfg_115485/201706/t20170619_5422202.html.

② 李国新.新阶段　新目标　新任务——《关于推进县级文化馆图书馆总分馆制建设的指导意见》解读［J］.图书馆杂志,2017（3）:7-8.

事权和支出责任划分改革方案》^①，贯彻《国务院办公厅关于印发基本公共服务领域中央与地方共同财政事权和支出责任划分改革方案的通知》。

该方案从湖南省各市县经济社会发展、基本公共服务成本和财力差异显著的省情出发，改革基本公共服务领域省与市县共同财政事权和支出责任划分制度，助力湖南省逐步建立和完善边界明确、权责合理、财力协调、标准适当、保障有力的省与市县基本公共服务领域财政事权制度体系。

5 江西省

5.1 《推进基层综合性文化服务中心建设实施方案》（2016 年 7 月 24 日发布）

江西省人民政府制定《推进基层综合性文化服务中心建设实施方案》，进一步贯彻落实《国务院办公厅关于推进基层综合性文化服务中心建设的指导意见》，在全省范围内建设基层综合性文化服务中心^②。

该方案为基层民众享受公共文化资源提供了坚实的保障。该方案坚持"三个着力，四个坚持"的总体要求，围绕"四个全面"战略布局，按照"发展升级、小康提速、绿色崛起、实干兴赣"的十六字方针，因地制宜地推进基层综合性文化服务中心建设。该方案提出：到 2018 年完成对全省范围内所有的乡镇（街道）综合性文化服务中心的建设和改造；赣州市、新余市、九江市三批国家公共文化服务体系示范区创建城市全面完成综合性文化服务中心建设；全省其他地区村（社区）建成综合性文化服务中心 80% 以上。

该方案的出台统筹协调了江西省基层公共文化资源，提高了基层综合性

---

① 湖南省人民政府办公厅.湖南省人民政府办公厅关于印发《基本公共服务领域省与市县共同财政事权和支出责任划分改革方案》的通知[EB/OL].[2020-08-21]. http://www.hunan.gov.cn/xxgk/wjk/szfbgt/201904/t20190418_5317217.html.

② 江西省人民政府办公厅关于印发推进基层综合性文化服务中心建设实施方案的通知[EB/OL].[2020-08-21]. http://zfgb.jiangxi.gov.cn/art/2016/10/11/art_361526.html.

文化中心的服务效能，促进基本公共文化服务体系标准化均等化发展，助力江西文化强省建设，支撑了江西省全面建成小康社会的相关工作。

5.2 《全省县级文化馆总分馆制建设实施方案》（2017 年 8 月 22 日印发）

为贯彻落实省委办公厅、省政府办公厅印发的《关于加快构建现代公共文化服务体系的实施意见》和五部委联合印发的《关于推进县级文化馆图书馆总分馆制建设的指导意见》精神，进一步增强江西省县级文化馆服务效能，江西省文化厅出台《全省县级文化馆总分馆制建设实施方案》①。

该实施方案在总馆建设标准上提出了具体要求：总馆建设面积不低于 200 平方米；按照国家有关要求和当地编办等部门核准的编制数配齐工作人员，每馆配备不少于 12 人，其中专业技术人员比例不少于 70%；总馆藏书量达到 15 万册以上，每年新增藏量不少于 2000 种，报刊总数不少于 200 种，年人均图书馆新增藏量 0.03 册，文献年外借量不低于 10 万册次；阅读座位不少于 200 席，其中少儿座位不少于 50 席。

江西省探索制订符合本地实际的实施方案，着力建立县级文化馆总分馆制，充分整合基层公共文化资源，创新服务方式和手段，公共文化服务能力显著提升。

5.3 《关于认真贯彻执行〈公共文化服务领域基层政务公开标准〉的通知》（2019 年 11 月 18 日发布）

江西省文化和旅游厅制定《关于认真贯彻执行〈公共文化服务领域基层政务公开标准〉的通知》，围绕公共文化服务领域政务公开效能的提升，贯彻落实文化和旅游部、国家文物局《公共文化服务领域基层政务公开标准指引》②。

该文件的出台，有助于江西省推进公共文化服务领域基层政务公开标准

---

① 江西省文化厅.关于印发《全省县级文化馆总分馆制建设实施方案》的通知[EB/OL].[2020-08-21]. http://www.jiangxi.gov.cn/art/2017/8/22/art_5296_343522.html.

② 江西省文化和旅游厅.关于认真贯彻执行《公共文化服务领域基层政务公开标准》的通知[EB/OL].[2020-08-21]. http://www.jiangxi.gov.cn/art/2019/11/18/art_5296_828508.html?xxgkhide=1.

化、规范化，是保障公民、法人和其他组织依法获取政府信息，提高工作透明度，赢得人民群众对文化工作理解和支持的重要举措。

5.4 《关于开展 2020 年"春雨工程""阳光工程"文化志愿服务工作的通知》（2020 年 7 月 2 日发布）

为认真贯彻习近平新时代中国特色社会主义思想，促进志愿服务深入基层，实现文化为民、文化惠民，根据文化和旅游部、中央文明办《2020 年文化和旅游志愿服务工作方案》要求，省文化和旅游厅、省文明办联合开展 2020 年"春雨工程""阳光工程"文化志愿服务工作①。

2020 年"春雨工程"重点聚焦我国 52 个尚未脱贫摘帽的贫困县，鼓励全省各地组织优秀文化志愿团队、开展项目以及举办活动，采取"走出去＋请进来"等方式，使贫困县的基层群众平等享受赣鄱优秀文化，让他们感受到江西文化的独特魅力。2020 年"阳光工程"重点在江西省 12 个国家级新时代文明实践中心建设试点县（市、区）实施，招募 18 名文化志愿者开展为期一年的志愿服务工作。

"春雨工程""阳光工程"文化志愿服务工作的实施开展，为基层群众送去优质的公共文化服务，不断提升群众的文化获得感、幸福感。

6　安徽省

6.1 《安徽省文化厅关于开展县级公共图书馆总分馆制建设的通知》（2015 年 5 月 6 日发布）

2015 年，安徽省发布《安徽省文化厅关于开展县级公共图书馆总分馆制

---

① 江西省文化和旅游厅. 关于开展 2020 年"春雨工程""阳光工程"文化志愿服务工作的通知［EB/OL］.［2020-08-07］. http://dct.jiangxi.gov.cn/art/2020/7/2/art_14524_2479096.html.

建设的通知》，贯彻中共中央办公厅、国务院办公厅《关于加快构建现代公共文化服务体系建设的意见》，回顾总结了 2013 年农村公共图书服务一体化建设试点工作经验，进一步统筹县域公共图书资源，提高现有公共文化设施和图书资源利用率，更好满足农村群众读书看报及数字文化需求 ①。

该通知强调，要建立服务标准体系。各地要根据《文化馆服务规范》《乡镇综合文化站服务标准》《县级文化馆评估定级标准》《安徽省基本公共文化服务保障标准（2015—2020）》等，结合本地实际，制定并公布文化馆总分馆服务目录和标准，形成既符合免费开放要求又体现本地特色的文化馆总分馆服务标准体系。总馆应提供基本服务、数字服务、流动服务和综合服务。分馆应立足于本地群众需求，根据总馆计划安排和资源配置，因地制宜开展服务。鼓励文化馆总分馆结合实际提供其他公共服务。要把建立服务资源体系作为重要任务。根据本地实际，明确文化馆总分馆的布局、规模、标准、功能体系与运行机制。总馆着重加强对分馆的业务指导和资源调配，分馆按照总馆工作安排和服务标准，面向基层群众提供基本服务。

该通知推进了安徽省总分馆建设，为安徽省构建现代公共文化服务体系、促进基本公共文化服务均等化提供了重要保障，优化了公共文化设施和图书资源的配置，更好地保障了群众的基本文化权益。

6.2　《中共安徽省委办公厅　安徽省人民政府办公厅关于加快构建现代公共文化服务体系的实施意见》（2016 年 1 月 15 日发布）

安徽省委、省政府发布《中共安徽省委办公厅　安徽省人民政府办公厅关于加快构建现代公共文化服务体系的实施意见》，参考《中共中央办公厅、国务院办公厅印发〈关于加快构建现代公共文化服务体系的意见〉的通知》，

---

① 安徽省文化厅关于开展县级公共图书馆总分馆制建设的通知［EB/OL］.［2020-07-30］. http://pcsp.library.sh.cn/notice.aspx?sid=10877.

结合本省实际，制定了实施意见①。

建设文化强省，既离不开国家政策的指引和支持，也离不开各省份自身的努力。

该实施意见贯彻落实习近平总书记系列重要讲话精神，按照全面建成小康社会的总体要求，把人民放在现代公共文化服务体系构建中的核心位置，强调了"到 2020 年，基本建成覆盖城乡、便捷高效、保基本、促公平、具有安徽特色的现代公共文化服务体系"的发展目标。该意见指出，统筹推进公共文化服务均衡发展，促进基本公共文化服务均等化。在县域范围内推广公共图书馆总分馆制，以县级公共图书馆为总馆、乡镇综合文化站为分馆，统筹管理农家书屋，实现城乡公共图书服务资源整合和互联互通。坚持"送文化"与"种文化"结合，推进"百馆（站）千村文化结对"活动。

该实施意见对于建设具有安徽特色的现代公共文化服务体系，促进安徽省基本公共文化服务标准化、均等化，打造创新型"三个强省"，建设美好安徽具有重要意义，有利于深化文化体制改革，加快构建现代公共文化服务体系，繁荣发展社会主义文化。

6.3 《安徽省推进基层综合性文化服务中心建设实施方案》（2016 年 1 月 22 日发布）

安徽省人民政府办公厅印发《安徽省推进基层综合性文化服务中心建设实施方案》，进一步贯彻落实《国务院办公厅关于推进基层综合性文化服务中心建设的指导意见》，加强基层综合性文化服务中心建设，促进基层公共文化服务提质增效，推动文化强省和美好安徽建设②。

---

① 安徽省人民政府办公厅. 中共安徽省委办公厅　安徽省人民政府办公厅关于加快构建现代公共文化服务体系的实施意见［EB/OL］.［2020-07-09］. https://www.ah.gov.cn/public/1681/8188341.html.
② 安徽省人民政府办公厅. 安徽省人民政府办公厅关于印发推进基层综合性文化服务中心建设实施方案的通知［EB/OL］.［2020-07-30］. https://www.ah.gov.cn/public/1681/7944761.html.

该实施方案重点关注大别山革命老区、贫困地区和皖北地区，立足城乡基层实际，基层政府主导推进资源优化配置。同时，该实施方案还指出，要因地制宜地进行分类化的指导：综合考虑不同地区的经济发展水平、人口变化、文化特点和自然条件等多种因素，坚持试点先行，及时总结好建设经验。

该实施方案对于保障群众基本文化权益、提升基层公共文化服务效能、促进基本公共文化服务标准化均等化具有重要意义，提供了打造创新型"三个强省"和全面建成小康社会的文化支撑。

6.4 《安徽省"十三五"推进基本公共服务均等化规划》（2017 年 12 月 21 日发布）

"十二五"时期安徽省基本公共服务体系建设取得显著成就，与此同时，"十三五"时期是我国经济社会转型发展的关键时期，是全面建成小康社会的决胜阶段，然而，安徽省基本公共服务存在总量不足、质量不高、发展不平衡等突出问题。因此，为了提升基本公共服务均等化水平，统筹发展，安徽省人民政府制订了本规划[①]。

该规划表示，安徽省公共文化体育服务供给能力显著增强。同时，该规划指出，覆盖城乡、便捷高效、保基本、促公平、特色明显的现代公共文化体育服务体系基本建成，省市县乡村五级公共文化体育设施全覆盖、互联互通。每万人拥有群众文化设施面积达到 180 平方米，人均体育场地面积力争达到 1.8 平方米。该规划还强调，要依托脱贫攻坚战略，在贫困地区加强公共文化服务体系建设，实施扶设施、扶人才、扶活动、扶产业和加强组织保障"四扶一加强"行动计划。建立基本公共文化服务标准体系。支持全省公共图书馆、博物馆、文化馆（站）、纪念馆、美术馆、科技馆等公共文化设施免费开放，实施

---

① 安徽省人民政府. 安徽省人民政府关于印发安徽省"十三五"推进基本公共服务均等化规划的通知（皖政〔2017〕96 号）〔EB/OL〕.〔2020-08-07〕. https://www.ah.gov.cn/szf/zfgb/8117231.html.

科普为民惠民行动，深化"三馆一院联盟"、县域公共图书服务一体化建设。

该规划全面落实了国家和安徽省基本公共文化体育服务指导标准，完善了公共文化体育服务网络，推动了基本公共文化服务标准化、均等化，有利于更好地满足人民群众的精神文化需求，提高全民文化素质。